МАРИАННА АВЕРИ
РУССКИЙ ЯЗЫК ДЛЯ ДЕТЕЙ

ВТОРОЕ ИЗДАНИЕ

КНИГА ДЛЯ УЧИТЕЛЯ

MARIANNA AVERY
SOROKA. RUSSIAN FOR KIDS
TEACHER'S BOOK 1
2ND EDITION

Avery M.
Soroka 1: Russian for Kids: Teacher's Book.- 2nd edition. - New Orleans: Avery M., 2017. - 70 p., il.

Illustrated by dobrkt.

Copyright © 2017 Marianna Avery
All right reserved.

www.facebook.com/marianna.avery/
www.facebook.com/groups/avery.soroka/

ВВЕДЕНИЕ

Общее описание курса

Учебный курс «Сорока. Русский язык для детей» предназначен для обучения русскому языку детей от 7 до 9 лет. Курс рассчитан на работу в классе с группой учащихся, но может также применяться и на индивидуальных занятиях.

Настоящий курс предназначен для начинающих учеников, впервые приступающих к изучению русского языка, и может быть использован для обучения детей - носителей любых языков.

Курс состоит из 15 глав-уроков. Материал уроков рассчитан, как минимум, на 3 занятия продолжительностью 45 минут каждое и включает также дополнительные задания для выполнения в классе или дома.

Учебный курс состоит из трех частей: **Учебника, Рабочей тетради и Книги для учителя.**

Учебник представляет новый материал, грамматические структуры и их функции в контексте. Учебный материал постепенно усложняется. В учебнике много картинок, комиксов, игр. Закрепить ученику полученные языковые знания и навыки поможет **Рабочая тетрадь**, которая объединяет грамматику и словарь, представленный в Учебнике, с их практическим использованием, а также применением на письме и в чтении.

Книга для учителя содержит поурочные (пошаговые) планы занятий, ответы на задания, контрольные работы, а также дополнительные идеи для занятий в классе и дома.

Цели и содержание курса

Учебный курс преследует три главные цели:
- помочь ученикам понять и правильно использовать некоторые основные модели русской грамматики в ежедневных речевых ситуациях;
- выработать у учеников уверенность при слушании, говорении, чтении и письме на русском языке;
- сделать учебный процесс понятным, увлекательным и легким для учащихся.

Содержание курса, усложняясь от урока к уроку, способствует расширению словаря учеников и качественному усвоению ими грамматического материала. Помимо этого, автором предпринята попытка подобрать словарь, который будет интересен и полезен для детей.

Герои учебного курса

Главные герои учебного курса - это братья и сестры. Их зовут Вика и Максим, Аня и Вова. Кроме того, в Учебнике действуют старшие члены их семей (мамы и папы, бабушки и дедушки), их друзья - ученики начальной школы, а также любимые домашние животные.

Как использовать учебный курс «Сорока. Русский язык для детей»

На каждый урок-главу Учебника и Рабочей тетради приходится по четыре страницы. Каждый Урок рассчитан на, как минимум, 3 занятия, длиной 45 минут каждое. Материалы в Учебнике, Рабочей тетради и Книге для учителя полностью взаимосвязаны.

Занятие 1

Первая страница урока вводит новые грамматические явления и словарь урока. Эти новые структуры будут в дальнейшем отработаны путем вопросов-ответов, а также многочисленных повторений. Учебник дает речевую модель, которая отрабатывается в Рабочей тетради.

Занятие 2

Первая часть второго занятия состоит из диалогов разной длины, представленных в учебнике в виде комикса. Эти диалоги очень хороши для повторения и заучивания наизусть. Упражнения из Рабочей тетради помогут в закреплении материала.

Занятие 3
Третье занятие - это повторение и закрепление изученного материала, и чаще всего оно представлено в игровой форме. Как правило, в конце каждой главы-урока Рабочей тетради дается игра, загадка или кроссворд.

Основные этапы урока

Разминка/повторение пройденного - в этой части урока используется материал, с которым ученики уже знакомы. Обычно это то, что они уже делали раньше, например, игра.

Введение нового материала - в некоторых случаях происходит без учебника («учебники закрыты»). Дети в эти минуты на уроке видят настоящие предметы, которые легко принести в класс (например, маленькие игрушки). Используйте родной язык детей только в тех ситуациях, когда невозможно показать предмет или объяснить это по-русски.
Метод *«Закрытый учебник»* позволяет познакомиться со словами и услышать, как они звучат. Позже, когда ученики открывают книгу, знакомство продолжается, дети видят, как эти слова пишутся, процесс обучения происходит легче и быстрее.
Когда Вы вводите новое слово, то постарайтесь убедиться в том, что дети услышали, как оно произносится, для чего:
- повторите новое слово два или три раза;
- а потом пусть ученики, прослушав, повторят изучаемое слов вслед за Вами - сначала хором, а потом по одному.
Для презентации новых слов автор рекомендует учителю подготовить *«скатерть-самобранку»* - сумку, коробку или ящик, куда можно сложить мелкие предметы и игрушки, необходимые для работы. Набор предметов может быть разным, но всегда автор стремится указать, - и, как правило, детально, касаясь многих особенностей урока, - что нужно положить Вам в свою *«скатерть-самобранку»* перед каждым определенным занятием.

Диалоги

располагаются на 2-й странице каждого Урока. Перед новым диалогом мы советуем повторить пройденные фразы, а также выучить новые слова, которые ученики еще не проходили.
Дайте также возможность ученикам выучить эти диалоги, а потом попросите рассказать их перед классом.

Разговор и слушание

Устные упражнения. Их цель - научить быстро произносить новые слова. В этом упражнении главное - темп.
- *Для новых слов и фраз*: показывайте предмет, или картинку. Ученики называют его хором, потом по одному. Увеличивайте скорость.
- *Для фраз*: учитель дает ключевое слово фразы (обычно, ее начало). Ученики заканчивают фразу. Все это происходит в быстром темпе.

Устные упражнения «Цепочка».

Используйте следующий порядок: учитель обращается к ученику: «Добрый день! Меня зовут Мария. Как тебя зовут?». Ученик отвечает «Меня зовут Джон», затем поворачивается к другому ученику и спрашивает: «Как тебя зовут?» Ученики продолжают отвечать на вопрос и задавать его следующему ученику, каждый раз добавляя очередное звено в цепочку.

Вопросы - ответы.

Как правило, эта работа чаще проводится в парах. Ученики, используя диалоги из Учебника, задают друг другу вопросы. Учитель ходит между учениками, проверяя произношение и правильность понимания.
После того как ученики усвоили конструкции, учитель должен их использовать, чтобы задать ученикам вопросы об их жизни, поговорить с учениками о том, что их окружает. Это сделает язык более живым.

ВВЕДЕНИЕ

Чтение и письмо.

В учебном курсе «Сорока. Русский язык для детей» *обучение чтению* происходит от простого к сложному, и причем постепенно, так что все дети, даже не знакомые с кириллицей, легко должны справиться с заданием. В связи с тем, что учебник рассчитан на детей от 7 до 9 лет, а, как правило, в этом возрасте дети учатся и/или уже умеют читать на родном языке, то автор не готов дать рекомендации для обучения русскому языку детей более раннего возраста или же детей - носителей тех языков, где используются иероглифы либо арабский алфавит, *но для языков, использующих латинский алфавит*, надо начинать с похожих букв и/или букв, которые читаются одинаково: М, Т, К, О, А. Когда ребенок видит знакомые буквы, то он знает, как их читать, и уже может сам составлять слоги и слова.

Слоговое чтение - это именно тот вид чтения, который я рекомендую. Учитель показывает слоги на карточках или пишет их на доске: *АМ, МА, МО, ТО, ОТ, ОК*, - затем читает их вслух, а ученики видят и повторяют - сначала хором, потом по одному. Такой же метод можно использовать для чтения новых слов. Если есть возможность, то слоги можно пропевать.

Обычно трудности вызывают слоги с буквами *Я, Ё, Ю, Щ, Ь*, поэтому карточки с такими слогами желательно показывать и изучать после легких слогов.

Автор приводит в Учебнике русский алфавит (с. 2), чтобы дети видели буквы и, сравнивая с родным алфавитом, узнавали те из них, которые есть в их родном языке. И так, постепенно и осмысленно, они познакомятся с внешним видом всех букв кириллицы. Нет необходимости заучивать алфавит наизусть. В этом нет никакой практической пользы, во всяком случае на данном этапе обучения. Учебный курс «Сорока» предполагает обучение *письму печатными буквами*. Дети копируют слова, которые видят в Учебнике и Рабочей тетради, а потом с удовольствием решают кроссворды. Кроссворды в этом случае играют роль упражнений для письма. Поэтому целесообразно разрешать ученикам копировать буквы и слова, а не заставлять их запоминать и/или писать по памяти.

Упражнения на письмо в Рабочей тетради

Эти задания можно выполнять и в классе, и дома. Прочитайте задания вместе с учениками, убедитесь, что они поняли, что нужно делать.
Проговорите ответы на задания сначала устно, вместе со всеми, и только после этого дайте ученикам возможность самостоятельно сделать письменные задания.

Игры

В Учебнике игры даны: нас. 4 («Кто это?»);
с. 5 («Что она делает?»);
с. 12 («Какой номер?»);
с. 15 («Что это?»);
с. 16 («Послушай и найди»);
с. 20 («Бинго»);
с. 24 («Что я ем?»);
с. 28 («Покажи мне»);
с. 32 («Угадай кто я?»);
с. 36 («Моя коробка»);
с. 40 («Угадай, что я делаю?»);
с. 52 («Игра с вопросами»);
с. 56 («Угадай кто это?»);
с. 58 («Бинго»).

В Книге для Учителя игры даны в следующих уроках: урок 2, занятие 3;
урок 4, занятие 1;
урок 5, занятие 1;
урок 8, занятие 1;
урок 10, занятие 1;
урок 11, занятие 2;
урок 11, занятие 3;
урок 12, занятие 1;
урок 12, занятие 2.

ВВЕДЕНИЕ

Эти игры универсальны, их можно использовать как при индивидуальном изучении темы, так и в группах. Если вы играете в группах, то можно разбить класс на команды, дать командам русские названия, например «Медведи» или «Лисы», написать названия команд на доске, чтобы вести счёт.

Для выбора игроков можно пользоваться считалочками, например:

Тише, мыши! Кот на крыше,
а котята ещё выше.
Кот пошёл за молоком,
а котята - кувырком!
Кот пришёл без молока,
а котята - ха-ха-ха!..

****

Эники-Беники ели вареники.
Эники-Беники - клёц!
Вышел весёлый матрос!

****

Кони, кони, кони, кони!..
Мы сидели на балконе.
Чай пили, чашки били,
По-турецки говорили!

Пусть дети повторяют за вами.

Диктанты

«Суриков»
Учитель даёт простые инструкции на русском языке, а ученики рисуют. Надо прочитать инструкции два или три раза. Для проверки диктант повторяется снова, дети по очереди выходят к доске и рисуют на доске ответы.

«Закончи предложение»
Этот тип диктанта сложнее. Он предполагает, что дети накануне уже выучили наизусть фразы из диалогов и могут по памяти их закончить. Учитель говорит фразу, но пропускает одно слово. Ученики должны понять, какое слово пропущено, и записать его.

Внимание! Цель диктанта «Закончи предложение» - не проверка правописания, а проверка на знание слов и фраз. Поэтому не оценивайте орфографию, а только поправляйте! Здесь важно оценить, правильно ли выбрано слово.

Контрольные работы

Перед началом любой контрольной работы убедитесь, что все дети понимают задания. Постарайтесь дать полное объяснение по каждому заданию и покажите образец его выполнения.

Когда ученики выполнят контрольную работу, оцените её результаты. Может быть, потребуется даже повторить определённые темы для всего класса или только для некоторых его учеников. Оценка разговорных навыков оценивается по результатам устных занятий в классе.

Также всегда выделяйте отдельное занятие для контрольной работы. Если осталось время, лучше поиграть, чем пытаться писать контрольную работу и проводить обычный урок на одном и том же занятии.

При необходимости учитель может пропустить контрольную, хотя это и нежелательно, или использовать задания из контрольной работы в качестве дополнительных заданий в классе или дома.

Список слов

В конце Книги для учителя приводится список слов, изученных в настоящем курсе. Формы слов (существительные в различных падежах, глаголы в разных лицах и временах) указаны в этом списке как разные самостоятельные слова. Это сделано для того, чтобы учителю было проще определить, в каком виде ученики уже знакомы со словом.

Автор настоящего учебно-методического комплекса постоянно на связи с преподавателями и родителями через свою страницу в Фейсбуке www.Facebook.com/Marianna.Avery

СОДЕРЖАНИЕ КУРСА

Номер урока	Содержание курса	Номер страницы
Урок 1	*Знакомство, приветствие, прощание.* *Алфавит.* Привет, я Вика. Как тебя зовут? Кто это? Это Вова. Пока.	**Страница 1**
Урок 2	*Действия.* *Формулы вежливости.* Что она делает? – Она спит, играет и т.д. Как дела? – Спасибо, хорошо. А у тебя? – Тоже хорошо. Что это? Это ручка.	**Страница 5**
Урок 3	*Числа от 1 до 10. Возраст: вопрос – ответ.* Множественное число существительных и глаголов. Сколько тебе лет? Мне 8 лет. Мальчики бегут.	**Страница 9**
Урок 4	*У тебя есть? Где?* *Просьба.* Что это? Это мяч. Где мяч? У тебя есть книги? Дай мне, пожалуйста. Возьми. – Спасибо	**Страница 13**
Урок 5	*Возраст и имя.* Мне восемь лет, ему восемь лет. Это Аня, она девочка, ей 8 лет. *Игра «Бинго»* Повторение. Контрольная работа 1	**Страница 17**
Урок 6	*Еда. Что мы едим и пьем.* *Вопросительные и отрицательные предложения.* Я ем, и мы едим. Я пью, и ты пьёшь. Что ты ешь? Я ем рис. У тебя молоко? Нет, у меня вода. Я пью воду.	**Страница 21**
Урок 7	*Цвета.* Какого цвета? Покажи мне голубой мяч.	**Страница 25**

СОДЕРЖАНИЕ КУРСА

Номер урока	Содержание курса	Номер страницы
Урок 8	*Семья. Члены семьи.* *Мой, моя, моё, мои.*	**Страница 29**
Урок 9	*Размеры.* *Покажи мне большой стол.*	**Страница 33**
Урок 10	*Домашние животные.* *Моя кошка любит играть.* *Я читаю газету и пью чай.* *Повторение. Контрольная работа 2*	**Страница 37**
Урок 11	*Время суток.* *Спросить-ответить время.* *Повторение чисел от 1 до 10, числа 11 и 12.* *Утро, день, вечер. Что ты делаешь в 3 часа?* *Доброе утро! Добрый день! Добрый вечер!* *Сколько времени? 1 час, 2,3,4 часа. 5-12 часов.*	**Страница 41**
Урок 12	*Место. Где? В траве, в доме, на улице.* *Где моя кошка?* *Она играет в траве.*	**Страница 45**
Урок 13	*Одежда.* *Белые туфли, белое платье, белая юбка*	**Страница 49**
Урок 14	*Цвета одежды.* *Я в красных туфлях. Он в синих джинсах.*	**Страница 53**
Урок 15	*Повторение. Контрольная работа 3*	**Страница 57**

ГЛАВА 1

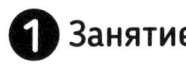 Занятие

На этом занятии мы изучаем:

> слова и выражения, объединенные темой «Знакомство, приветствие, прощание».

Слова и выражения:

> Привет, я Вика.
> Как тебя зовут?
> Пока! Смотри(те)! Слушай(те)! Закрой(те) книг(и/у), откройте книг(и/у)! Пожалуйста! Хорошо! Садитесь (садись)! До свидания!

Начало урока

1. Представьтесь. Пожмите руки ученикам и скажите: «*Привет! Я ... (Ваше имя)*»
Ученики повторяют за Вами:
«*Привет! Я ... (Ваше имя»*
2. Спросите: «*Как тебя зовут?*» Пусть ученики повторят этот вопрос хором.
3. Задайте вопрос каждому ученику: «*Как тебя зовут?*»
4. Работа в парах. Ученики спрашивают друг у друга: «*Как тебя зовут?*»

Упражнения
(УЧЕБНИК, с. 1)

5. Как тебя зовут? Дайте инструкции: *Смотри(те)! Слушай(те)! Закрой(те) книг(и/у), откройте книг(и/у)!*
Покажите жестами, что вы имеете в виду.
6. Читайте слова на с. 1 Учебника. Ученики слушают и повторяют.
7. Поиграйте в быструю игру на слушание. Просто говорите имена каждого героя два или три раза, а дети должны показать их лица на странице 1.
8. Выберите ученика, который должен выйти перед классом, и спросите его: «*Как тебя зовут?*» После того как ученик ответил, скажите: «*Хорошо! Пожалуйста, садись, ... (имя ученика)*».

Повторите с двумя или тремя учениками, затем выберите ученика, который будет играть роль учителя, спрашивая других: «*Как тебя зовут?*»

Чтение
(РАБОЧАЯ ТЕТРАДЬ, с. 1)

Соединить портреты героев с их именами.

Ученики еще не знакомы с русскими буквами, но должны увидеть, что некоторые буквы выглядят одинаково - и в латинском алфавите, и в кириллице. В этом им поможет то, что они видели в учебнике русские имена героев и могли зрительно их запомнить.
Если выполнение упражнения вызывает у них затруднения, положите перед учениками разворот учебника на с. 1 и попросите посмотреть, какие слова написаны одинаково.
Ответы на задания
 Привет, я Вика! Привет, я Вова!
Привет, я Аня!

Окончание урока

Скажите: «Закройте ваши книги!» Потом скажите: «До свидания!» - несколько раз. Ученики повторяют за Вами два или три раза. Убедитесь в том, что они понимают разницу между словами «Привет!» и «До свидания!»
Скажите «До свидания!» ученикам, когда они выходят из класса.
Приготовьте к следующему уроку
Вам понадобятся небольшие прямоугольники из бумаги, на которых ученики будут писать свои имена.
Попросите учеников принести их с собой или подготовьте сами.

❷ Занятие

На этом занятии мы изучаем:

> На этом занятии мы изучаем тему «Алфавит (строчные буквы)».

Слова и выражения:

> Входите, пожалуйста! Молодец! Все вместе! Кто это? Это Ваня.

Повторение/разминка

1. Приветствуйте учеников, когда они заходят в класс, словами: *«Входите, пожалуйста!»* и *«Пожалуйста, садитесь!»*
2. Скажите: *«Привет, я ... (Ваше имя)»*, показывая на себя. Спросите некоторых учеников: *«Как тебя зовут?»* Напишите на доске несколько имён в произвольном порядке.
3. Работа в парах: ученики представляются друг другу таким же способом.
4. *Таблички с именами.* У каждого ученика есть по чистому листу бумаги (или сами раздайте, или пусть ученики достанут то, что принесли с собой). Согните лист вдоль и проведите на одной стороне линию, на которой они будут писать, — ближе к нижнему краю. Вы уже написали имена детей на доске в произвольном порядке. Прочитайте их имена одно за другим, пусть ученики повторяют за Вами. Затем пусть ученики скопируют свои имена на бумагу, которую Вы им раздали. Это будут их таблички с именами, которые они могут поставить на стол перед собой. Пройдите по классу, помогите детям написать их имена, похвалите каждого, скажите: *«Молодец!»*

Алфавит
(УЧЕБНИК, с. 2)

Нет необходимости учить алфавит наизусть. Цель данного упражнения — познакомить учеников с русским алфавитом, показать, что в нём много известных им букв *(М, А, К, Е, Т, О)*. Упражнения на чтение алфавита вслух будут использоваться в ходе дальнейшего обучения. Данный подход поможет ученикам лучше выучить русские буквы, особенно если в их родном языке используется латинский алфавит или любая другая система письма. Ученики открывают Учебники на странице 2. Учитель читает алфавит буква за буквой и показывает на те буквы, которые он называет. Затем учитель читает второй раз, останавливаясь после каждой буквы, чтобы ученики могли повторить за учителем.

Диалоги
(УЧЕБНИК, с. 3)

«Это Вова». Скажите: *«Откройте учебники»* — и покажите им, на какой странице открыть, затем скажите: *«Смотрите и слушайте»*. Читайте диалог, показывайте на картинке, что Вы читаете. Затем читайте ещё раз, дети повторяют за Вами.

Дети повторяют диалог с рисунков 3 и 4 (Кто это? — Это Вова) — сначала хором, всем классом, а затем в парах. Проверяйте работу детей, подбадривайте словами: *«Молодец, хорошо!»*

Задайте вопрос: *«Кто это?»* — детям в классе. Покажите на какого-нибудь ученика и спросите, пусть они ответят. Помогайте им отвечать: *«Это ... »*.

Чтение и письмо
РАБОЧАЯ ТЕТРАДЬ, с. 1–2

Упражнение 2. Ученики рисуют свой портрет и пишут своё имя. Они уже писали своё имя по-русски в начале урока. Подскажите им, если они забыли, как его писать.

Упражнение 3. Надо найти имена детей, спрятанные на картинке.

Упражнение 4. Вставить пропущенные буквы.

Ответы на задания

Задание 3. Найди имена

Задание 4. Аня, Вова, Вика, Максим.

Окончание урока

проводится аналогично окончанию Урока 1. Скажите: *«Закройте ваши книги!»* Потом скажите: *«До свидания!»* несколько раз. Ученики повторяют за Вами два или три раза. Убедитесь в том, что они понимают разницу между словами *«Привет!»* и *«До свидания!»*
Скажите: *«До свидания!»* ученикам, когда они выходят из класса.

Подготовьте к следующему уроку

Вам потребуется шарф или кусок материи, чтобы можно было завязать глаза ученикам.

③ Занятие

На этом занятии мы изучаем:

слова ДА /НЕТ;
Пожалуйста, встаньте! Стой!

Повторение/разминка

Повторите фразы приветствия и знакомства. Обратитесь к некоторым ученикам со словами: *«Привет, я ... Как тебя зовут?»*

Основная часть урока
УЧЕБНИК, с. 4

Покажите слова ДА и НЕТ при помощи движения головой. Покажите несколько раз, произнося слова и показывая головой одновременно.

Попросите учеников поставить таблички с именами на стол **лицом к себе**.

Пройдите по классу, спрашивая вслух: *«Кто это?»* - и пытаясь угадать имя ученика, не видя его таблички с именем. Задайте вопрос классу: *«Это ...?»* Ученики отвечают *Да* или *Нет* на ваши попытки угадать имя.

Ученики поочерёдно выходят и пытаются назвать других по имени: *«Это ...»*.

Учебник, с. 4. Ученики поочерёдно показывают героев на картинках и называют их имена: *«Это ...»* и т.д. Другие ученики слушают и отвечают: *«Да, правильно. Молодец!»* - или: *«Нет, это ...»*.

Ответы: а) Максим; б) Вова; в) Аня; г) Вика.
Учебник, с. 4. Игра.
Прочитайте слова, которые говорят герои в игре на с. 4. Напомните слова «Да» и «Правильно».

Один ученик будет ведущим.
Ему завязывают глаза, как показано на рисунке в Учебнике. Другие ученики говорят по

очереди: «*Привет!*», и ведущий должен угадать, кто говорит словами: «*Это ...*». Ученики отвечают: «*Да, правильно*» - или «*Нет, неправильно*».

Чтение
(РАБОЧАЯ ТЕТРАДЬ, с. 3-4)

С. 3. Ученики соединяют буквы алфавита на картинках, а затем сами картинки и имена героев.

С. 4. Ученики читают слова в рамке, а затем находят их на рисунке.
Ответы:

Окончание урока

Повторяем буквы алфавита.

Приготовьте к следующему уроку:
Сделайте 10 карточек со слогами. Желательно иметь 5 карточек с открытыми слогами (слогами, оканчивающимися на гласный, например: МА, ТА, КО, СО, ТЕ)
и 5 карточек с закрытыми слогами (слогами, оканчивающимися на согласный, например: ЕТ, ЕМ, АМ, ОК, ОС).

ГЛАВА 2

 **Занятие**

На этом занятии мы изучаем:

слова, обозначающие действие
(глаголы в 3-м лице ед. числа).

Слова и выражения:

Что она делает? – Она спит, играет (и т.д.).
Он/она/кто спит, ест, идёт, бежит, читает, сидит (и т.д.).

Повторение/разминка

Читаем вслух алфавит. Предлагаем ученикам написать свои имена на карточках.

Чтение по слогам

Приготовьте заранее карточки со слогами или напишите на доске слоги, которые будете читать. Читайте вслух слоги и простые слова, например: МА-МА, СОК, КОТ. Дети повторяют - сначала хором, потом по одному. Слоги можно пропевать.

Основная часть урока
УЧЕБНИК, с. 5

Вызовите к доске одного ученика. Спросите его: «*Как тебя зовут?*». Ученик отвечает. Попросите ученика сесть. Скажите громко классу два или три раза: «*Джон сидит*». Попросите класс повторить хором. Дайте ученику книгу, попросите открыть и «читать». Скажите вслух два или три раза: «*Джон читает*». Попросите вернуться на место. Пока ученик идет, скажите: «*Джон идёт*». Ученики должны повторить за Вами. Пригласите еще одного ученика, повторите те же действия, проговорите их вместе с учениками.

Теперь можно открыть Учебники и показать картинки (с. 5), на которых девочка ест, спит, бежит. Повторите каждое слово два или три раза, чтобы ученики услышали, как оно правильно произносится. Попросите детей повторить каждое слово хором и по одному.

Чтение и письмо
(РАБОЧАЯ ТЕТРАДЬ, с. 5)

Соедините слова с картинками.
Убедитесь, что все дети поняли задание. Убедитесь также, что дети узнают героев книги: Аню, Вову, Вику и Максима. Можно написать их имена на доске. Ученикам будет легче найти имена детей в Рабочей тетради. Затем проговорите написанные слова, рассмотрите картинки. После этого дайте ученикам возможность выполнить задание. Во время выполнения задания учитель должен пройти по классу, посмотреть и, если надо, помочь.

После выполнения задания попросите детей прочитать написанное.

Окончание урока
(УЧЕБНИК, с. 5)

Игра *«Что она делает?»*
Один из учеников выходит к доске и показывает действия: сидит, читает, идёт, бежит или спит. Класс должен назвать действие полным предложением, например: *«Вика читает»*, *«Вика идёт»*. Учитель должен подсказать, если ученики затрудняются с ответом. Слова желательно проговаривать - и хором, и по одному, по цепочке.

Приготовьте к следующему уроку:
Вам понадобятся предметы, указанные на с. 7 Учебника: карандаш, стул, линейка, ластик, портфель, ручка, книга, стол.

 Занятие

На этом занятии мы изучаем:

общепринятые формулы вежливости.

Слова и выражения:

Доброе утро! Как дела? Хорошо, а у тебя?
Спасибо! Тоже хорошо.
Карандаш, стул, линейка, ластик, портфель, ручка, книга, стол.

Повторение/разминка

В помощь учителю на этом уроке можно предложить два варианта разминки:
1. Вызвать ученика и попросить показать все выученные действия. Например, сказать: *«Анна сидит»* - и ученица садится. Или сказать: *«Анна читает»* - и ученица начинает читать. Также можно сначала или сесть, или читать, или изобразить бег,
а ученики пусть комментируют действия словами;
2. Открыть учебники и повторить действия на с. 5, после чего поиграть в игру «Что она делает?» (с. 5 Учебника).

Чтение по слогам
Нужно продолжить работу с уже известными слогами, при этом добавив изученные накануне действия: спит, читает, идёт (и т.д.). Затем добавить слоги - элементы слов из этого урока: *ут-ро, как, де-ла, хо-ро-шо, те-бя, спа-си-бо, то-же.*

Основная часть урока
(УЧЕБНИК, с. 6)

Прочитайте диалоги. Ученики повторяют за учителем - сначала хором, затем по одному. Дальше советуем использовать устные упражнения «Цепочка» (см. Введение). Учитель задает вопрос ученику: «Как дела?» Ученик отвечает: «Хорошо». Затем этот ученик, повернувшись к другому ученику в классе, тоже спрашивает у него: «Как дела?» Второй ученик, ответив: «Хорошо!», повторяет вопрос, заданный учителем, третьему... Стремитесь увеличить темп речи.

Книги закрыты. На столе у учителя лежат предметы, перечисленные в Учебнике на с. 7. Учитель берет один из предметов и, называя его один-два раза, кладет в свою «скатерть-самобранку» (стол и стул просто показывает). Потом достает эти предметы по одному и снова проговаривает их названия. Ученики должны повторить названия предметов.

Чтение и письмо
(РАБОЧАЯ ТЕТРАДЬ, с. 6)

Нужно соединить картинки со словами.
Ответы:
С. 6: 1б; 2ж; 3а; 4е; 5в; 6г; 7ё; 8д.

Окончание занятия
УЧЕБНИК, с. 7

Игра *Покажи и скажи*.

 Занятие

На этом занятии мы изучаем:

повторением формул вежливости.

Повторение/разминка

Игра *Покажи и скажи* (с. 7 Учебника).

Чтение по слогам

Предлагаем начать чтение с открытых и простых слогов. Добавляйте части-слоги из новых слов, выученных на предыдущем уроке *(ДАШ, ФЕЛЬ, НЕЙ, СТОЛ, РУЧ, ЛАС, ТИК)*. Учитель читает слоги вслух, ученики повторяют два или три раза хором, потом повторяют по одному. Слоги можно пропевать.

Основная часть урока
(УЧЕБНИК, с. 8)

Учитель задает ученикам вопрос: «Как дела?», ученики отвечают. Сначала надо повторять хором. Потом ученики спрашивают друг у друга. Можно использовать устные упражнения «Цепочка». После того как все формулы приветствия выучены, можно сделать упражнение
(с. 8 Учебника) - соединить разорванные фразы.

Чтение и письмо
РАБОЧАЯ ТЕТРАДЬ, с. 7-8

Убедитесь, что все ученики поняли задание. Сделайте упражнение сначала устно вместе с учениками. После этого ученики могут выполнить задание письменно.
Решите кроссворд (с. 8 Учебника).

Ответы на задания:
С. 8. Учебник.
а) Доброе утро!
б) Что это?
в) Как дела?
г) Кто это?
д) Как тебя зовут?

С. 7. Рабочая тетрадь.
1. «Доброе утро!» - «Доброе утро!»
2. «Как дела?» - «Спасибо, хорошо!»
3. «Спасибо!»

С. 8. Рабочая тетрадь. Кроссворд.

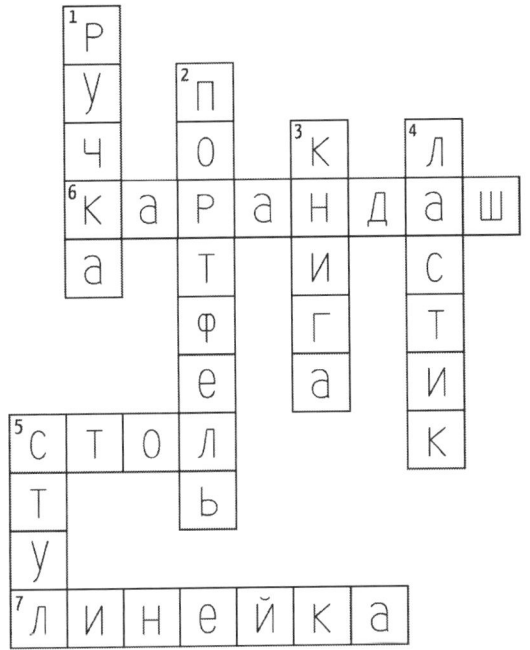

Окончание занятия

Любая **игра** из Учебника на выбор: с. 4, 5, 7. Можно усложнить задание и предложить ребятам игру **«Крокодил»**.

Перед началом игры объясните ученикам её правила, для чего попросите их:
- загадать чьё-нибудь имя, но не говорить его вслух (например, Максим);
- нарисовать два набора черточек по количеству букв в имени (6 черточек в одном ряду, 6 черточек - в другом);
- в конце нижнего ряда нарисовать обрыв, море, а в нем крокодила.

Далее ученики по очереди должны попытаться угадать, какие буквы есть в этом имени. Если буква названа ими правильно, то пишите её в верхнем ряду черточек.

Если букву назвали неправильно, т.е. такой буквы в имени нет, то рисуйте человечка в нижнем ряду черточек.

Человечек движется к краю обрыва с каждой неправильно названной буквой.

Ученики должны угадать имя до того, как человечек окажется в море – прямо в пасти у крокодила.
Поиграйте два или три раза с именами детей.

Примечание: игра «Крокодил» - это хорошая игра на запоминание правописания слов.

Приготовьте к следующему уроку:
Подготовьте по 10 маленьких предметов одного наименования:
10 монет, 10 спичек, 10 бусин, 10 орешков, 10 конфеток (и т.д.).

ГЛАВА 3

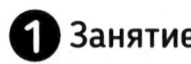 Занятие

На этом занятии мы изучаем:

числа (от одного до десяти).

Слова:

один, два, три, четыре, пять, шесть, семь, восемь, девять, десять.

Повторение/разминка

Одна из игр по выбору со с. 4, 5, или 7.

Чтение по слогам

Добавьте карточки со слогами из новых слов. Особенное внимание обратите на слоги с буквами Ь и Я. Как правило, эти буквы наиболее сложные. Разделяйте слова на слоги: О-ДИН, ВО-СЕМЬ, ДЕ-ВЯТЬ.

Основная часть урока
(УЧЕБНИК, с. 9)

Учебники закрыты. Учитель вслух считает учеников. Если учеников больше 10, то, дойдя до 10, он начинает снова с 1. Потом учитель считает книги.
Также у учителя должны быть приготовлены маленькие предметы - по 10 штук каждого наименования: орешки, пуговицы, спички, бусины, конфеты и т.д. Выкладывая их на стол, громко и отчетливо считайте вслух. Ученики должны повторять за Вами.

Напишите цифры от 1 до 10 на доске.
Пусть ученики повторяют за Вами слова, пока Вы пишете.

Откройте учебники. Покажите ученикам, как пишутся названия цифр. Повторяйте счет от 1 до 10 по порядку, постепенно увеличивая скорость чтения.
Напишите на доске 0. Скажите несколько раз слово «ноль». Ученики повторяют за учителем.

Чтение и письмо
(РАБОЧАЯ ТЕТРАДЬ, с. 9)

Убедитесь, что все ученики поняли задание, поэтому сделайте упражнение сначала устно. Пусть ученики, прочитав слова, покажут на цифры в верхней части страницы, затем пересчитают листочки и скажут число по-русски в упражнении в нижней части страницы. После того как упражнение сделано устно, его можно выполнить письменно в Рабочей тетради.

Ответы
б) три; в) шесть; г) четыре) д) два; е) семь.

Окончание занятия

Игры по выбору из Учебника (с. 4, 5, 7).

❷ Занятие

На этом занятии мы изучаем:

> слова и выражения, объединенные темой «Возраст»:
> Сколько тебе лет? - Мне 8 лет.

Повторение/разминка

Учитель показывает цифры от 1 до 10 и считает вслух. Ученики повторяют за учителем - сначала хором, потом по одному.
Чтение по слогам
Включайте карточки не только со слогами, но и с целыми словами. Особое внимание уделите слогам и словам с буквами Ё, Ь, Я.

Основная часть урока
(УЧЕБНИК, с. 10-11)

«Сколько тебе лет?» Учитель читает диалог на с. 10 и объясняет незнакомые слова и фразы. Потом читает снова, а ученики повторяют за учителем - сначала хором, потом по одному. Учитель проходит по классу, проверяя правильность произношения. После этого можно сделать устные упражнения «Цепочка».

Множественное число существительных.
Учебники закрыты. Учитель приглашает одну из девочек выйти перед классом и говорит: *«Это Наташа. Наташа - девочка».*
Потом приглашает еще девочек, произнося вслух: *«Девочки».*

Затем можно пригласить мальчиков.
Еще можно показать на книги, ручки, столы, линейки и другие предметы, названия которых ученики уже изучали.

Исключение следует сделать для слова *«стулья»* из-за особенностей его образования.

Учебники открыты на с. 11.
Учитель читает слова вслух и спрашивает учеников, как они могут объяснить разницу в парах слов *«идёт/идут», «спит/спят», «сидит/сидят»* и т.д. Ученики должны сказать, что когда речь идет об одном человеке, то употребляют слова: «спит, сидит, читает», а когда говорят о нескольких людях, то: «спят, сидят, читают».

Чтение и письмо
(РАБОЧАЯ ТЕТРАДЬ, с. 10)

Нужно выбрать слово и написать его под картинкой. Убедитесь, что все ученики поняли задание. Покажите, что подсказки можно найти в Учебнике на с. 5 и 11.

Ответы на задания:
1) мальчик идёт; 2) девочки сидят;
3) мальчики читают; 4) девочка бежит;
5) девочки едят; 6) мальчики спят;
7) девочка спит; 8) девочка читает.

Окончание занятия

Для лучшего закрепления пройденной темы предложите детям игру **«Крокодил»** *(описание игры дано при изучении Урока 2, Занятие 3).*
В игре используйте слова, обозначающие цифры от 1 до 10.

3 Занятие

На этом занятии мы изучаем:

> множественное число
> имён существительных и глаголов,
> а также цифры от 1 до 10.

Повторение/разминка

Упражнение «Цепочка» - тренируем вопрос-ответ «Сколько тебе лет? - Мне восемь лет»

Чтение по слогам

проходит в обычном порядке: сначала повторяем те слоги, которые вызывали наибольшее затруднение, а затем добавляем новые слова и слоги.

Основная часть урока
(УЧЕБНИК, с. 12)

Повторяем все основные фразы, выученные в предыдущих уроках: «Как дела? - Хорошо, а у тебя?», «Как тебя зовут? - Меня зовут Максим», «Что это? - Это карандаш».
Глаголы в единственном и множественном числе.
Учебник, с. 12. Называем цифры в номере телефона.

Чтение и письмо
(РАБОЧАЯ ТЕТРАДЬ, с. 11-12)

Убедитесь, что дети поняли задание.
В упр. 4 на с. 11 нужно написать цифры словами.
В упр. 5 нужно прочитать цифры, посчитать ответ и записать его словами на русском языке.
В упр. 6 надо выбрать слова из рамки и записать их вместо прочерков. Проговорите все фразы вместе с учениками. Так им будет легче вставить пропущенные слова.

Ответы на задания:
С. 11, упр. 5:
2) девять; 3) четыре; 4) семь; 5) десять;
6) восемь; 7) десять; 8) пять.
С. 12, упр. 6:
1) Как тебя зовут? - Меня зовут Вика.
2) Что это? - Это карандаш.
3) Сколько тебе лет? - Мне 7 лет.
4) Как дела? - Спасибо, хорошо.
5) Максим читает.

Окончание занятия
УЧЕБНИК, с. 12

Игра «Цифры-циферки»
Учитель пишет цифру на доске, ученики называют её.
Можно также использовать более лёгкий вариант игры - тот, когда на доске написано несколько цифр. В этом случае учитель называет одну из цифр, а ученики находят её среди тех цифр, что написаны на доске.

ГЛАВА 4

 Занятие

На этом занятии мы изучаем:

вопросительные и утвердительные конструкции предложений.

Слова и выражения:

Что это? - Это лодка.
Кукла, лодка, машина, мяч, самолёт, велосипед, компьютер, письмо, яблоко, апельсин, зонтик.

Повторение/разминка

На столе у учителя должны находиться школьные принадлежности, названия которых ученики изучали ранее: линейка, ручка, ластик, книга и т.д. Учитель показывает на один из предметов и спрашивает: «Что это?» Ученики отвечают. Учитель подсказывает, если надо.

Основная часть урока
УЧЕБНИК, с. 13

Продолжая задавать вопрос: «Что это?», учитель начинает доставать или показывать другие предметы: куклу, лодку, самолёт, мяч, велосипед, компьютер. Можно показывать картинки, можно - игрушки. Учитель называет предмет, четко произнося его название два или три раза, ученики повторяют - сначала хором, потом по одному.

Учебник, с. 13. Учитель повторяет слова, показывает их на картинке. Ученики повторяют за учителем. Потом учитель показывает на картинку и спрашивает:
«Что это?», а ученики отвечают: «Это кукла» - и так далее.
Некоторые новые слова, которые мы изучаем сегодня, нарисованы на с. 16 и 20.

Чтение по слогам

На этом уроке чтение по слогам перенесено. Как обычно, повторяйте старые слоги, читайте и четко проговаривайте новые.

Чтение и письмо
(РАБОЧАЯ ТЕТРАДЬ, с. 13)

Рассмотрите картинки, прочитайте слова вместе с учениками. Пусть они сначала выполнят это упражнение устно, и только после этого можно его выполнить письменно.

Ответы на задания:
2) з;   3) е);   4) а;   5) ж;   6) г;   7) в;   8) б.

Окончание занятия

Поиграйте в игру «Гонки за буквами». Сначала весь класс читает алфавит на странице 2 Учебника. Затем ученики делятся на две команды, команды получают названия. Учитель пишет на доске названия команд, под которыми будут указываться очки, полученные каждой из команд.

Учитель пишет на доске прописные буквы в случайном *(не алфавитном!)* порядке. Учитель вызывает по одному игроку из каждой команды, дает ребятам мел и объясняет, что сейчас все они будут участниками гонки за буквами.

Затем учитель называет любую букву алфавита, а участники из каждой команды пытаются найти ее на доске.
Одна команда ставит крестик на букве, другая обводит букву в кружок.
Тот, кто нашел первый, ставит на букве свой знак.

Далее назовите еще одну или две буквы. Пригласите новых участников из каждой команды и тоже назовите им две-три буквы. Продолжайте, пока не закончится урок.

❷ Занятие

На этом занятии мы изучаем:

> вопросительные, утвердительные и побудительные конструкции предложений:
>
> - У тебя есть?
> - У меня есть.
> - Дай, пожалуйста!
> - На, возьми!

Повторение/разминка

Повторите с детьми вопросы-ответы про возраст: «Сколько тебе лет? - Мне восемь лет».

Чтение по слогам

продолжайте, как обычно.

Основная часть урока
(УЧЕБНИК, с. 14-15)

Покажите книгу и скажите вслух: *«У меня есть книга»*. Затем покажите еще два или три предмета, которые ученики уже знают, и снова скажите: *«У меня есть ... »*. Потом подойдите к ученику, покажите на какой-нибудь предмет на его столе и скажите: *«У тебя есть ... »*. Ученики повторяют сначала хором, потом по одному. После этого нужно сделать устные упражнения «Цепочка», чтобы ученики смогли запомнить изучаемую фразу.

Когда фраза звучит хорошо, можно задать вопрос: *«У тебя есть ... ?»*. Теперь ученики уже знают ответ.

Игра «Что это?»

В этой игре учитель на столе или рядом со столом использует «скатерть-самобранку» - мешок, сумку или ящик, в котором находятся предметы, необходимые для изучения новых слов.

Учитель достает из этого ящика предмет (ученики не видят какой) и задает ученикам вопрос: «Что это?». Ученики пытаются угадать. На каждую попытку учитель отвечает: «Нет, это не книга» - или: «Да, это ручка». При этом надо обязательно дать ответ полностью, чтобы проговорить все слова еще и еще раз.

Чтение и письмо
(РАБОЧАЯ ТЕТРАДЬ, с. 14-15)

Сначала сделайте упражнения устно. Прочитайте слова и рассмотрите картинки вместе с учениками. После этого можно выполнить упражнения письменно.

Ответы на задания:

С. 14: 2) апельсин; 3) письмо; 4) зонтик;
       5) велосипед; 6) лодка.

С. 15: 2) Это самолёт; 3) Это велосипед;
       4) Это яблоки; 5) Это кукла;
6) Это мячи.

Окончание занятия

Предложите детям игру «Крокодил» с новыми словами.

❸ Занятие

На этом занятии мы изучаем:

вопросительные конструкции предложений:
- Что это?
- У тебя есть?

Повторение/разминка

Игра «*Бинго*» с числами.

Ученики рисуют у себя табличку из 6 клеточек и пишут в них разные числа от 1 до 10. Да, клеточек только 6, а чисел – 10, поэтому некоторые числа не войдут в табличку.

| 4 | 7 | 2 |
| 9 | 1 | 3 |

Учитель называет цифры, ученики вычеркивают те, которые у них есть. Побеждает тот, кто первый вычеркнул свои цифры.

Чтение по слогам

Основная часть урока
(УЧЕБНИК, с. 15-16)

Ученики повторяют слова урока и участвуют в игре (с. 16 Учебника).

С. 15. Составить предложения из слов, данных на странице.

Диктант
Учитель пишет на доске фразы из предыдущих уроков и оставляет в них прочерки:
У тебя ... мяч? – Да, у ... есть мяч.

Ученики должны дописать эти фразы по памяти. Во время выполнения задания нельзя смотреть в Учебник. Когда задание выполнено, ученики проверяют себя по Учебнику (с. 14, рис. 2).

В то же время, проверяя задание, давайте оценку только правильности фразы.
Если слова или буквы написаны неправильно, то надо исправить ошибку,
но не снижать за это оценку.

Чтение и письмо
(РАБОЧАЯ ТЕТРАДЬ, с. 16)

Кроссворд
Ответы на задания:

Окончание занятия

Игра «Гонки за буквами».

Подготовка к следующему уроку:
К следующему уроку приготовьте карточки с буквами алфавита.

ГЛАВА 5

 Занятие

На этом занятии мы изучаем:

утвердительные конструкции предложений:
Её зовут Аня. Ей восемь лет.
Повторение уроков с 1 по 4.

Слова:

ей, её, его, ему.

Повторение/разминка

Повторяем фразы «Меня зовут … .
Мне … лет». Ученики по цепочке говорят о себе.

Основная часть урока
(УЧЕБНИК, с. 17)

Попросите двух учеников выйти перед классом и представиться. Ученики говорят: «Меня зовут Люси. Мне семь лет»,
«Меня зовут Пол. Мне девять лет».
Учитель показывает на учеников и говорит:
«Её зовут Люси. Ей семь лет»,
«Его зовут Пол. Ему девять лет».

Открываем Учебники на с. 17. Учитель читает текст про детей, ученики повторяют за ним. Потом каждый из учеников рассказывает про своего соседа, как его/её зовут, сколько ему/ей лет.

Чтение по слогам

Чтение по слогам перенесено и поставлено после основной части, чтобы не нарушать логику занятия. Потренируйте чтение новых слов: её, её, ему, его.

Чтение и письмо
(РАБОЧАЯ ТЕТРАДЬ, с. 17)

Убедитесь, что все ученики поняли задание. Проговорите сначала все ответы устно. После этого можно сделать задание в рабочей тетради.

Ответы на задания:
2) Ему; 3) Ему; 4) Ей; 5) Ей; 6) Ему.

Окончание занятия

Игра «Буквы-буквочки»

Предлагаем сформировать в классе несколько команд, дать командам названия.
Затем учитель достает карточку с буквой.
Сначала ученики должны правильно назвать букву, а потом участники каждой команды за определенное время по памяти приводят известные им слова, начинающиеся с этой буквы. Учитель записывает слова на доске под названием команды.
Победителем будет считаться та команда, участники которой за кратчайший срок назовут по памяти наибольшее количество слов, начинающихся с указанной учителем буквы.
Можно так сделать с двумя-тремя буквами.

❷ Занятие

На этом занятии мы изучаем:

утвердительные, вопросительные и побудительные конструкции предложений при описании человека, а также повторяем пройденное на уроках 1-4.

Слова и выражения:

у него есть мяч, он ест яблоко.

Повторение/разминка

Игра «Кто это?» (Учебник, с. 4)
Чтение по слогам

Чтение по слогам

Основная часть урока
(УЧЕБНИК, с. 18)

Учитель читает описание детей на странице. Дети повторяют за учителем - хором и по одному.

Потом дети описывают картинки, на которых Вика сидит, а Вова читает письмо.

На с. 19 даны фразы, которые нужно соединить между собой. Это упражнение на разговор и на чтение - узнавание написанных фраз.

Как работать с этой страницей?
Сначала учитель читает фразу-образец: «Привет! Как дела?» - и спрашивает учеников о том, как бы они ответили. Ученики отвечают: «Хорошо».
Учитель показывает, что эти две фразы соединены между собой общим смыслом. Затем учитель читает вслух следующую фразу и просит учеников ответить. Ученики говорят, учитель предлагает ученикам найти эту фразу из облачка.

Чтение и письмо
(РАБОЧАЯ ТЕТРАДЬ, с. 18-19)

Сделайте задание сначала устно: рассмотрите картинку, прочитайте слова. После этого его можно выполнить письменно.

Ответы на задания:
УЧЕБНИК, с. 19
А как у тебя? - Тоже хорошо.
Как тебя зовут? - Меня зовут Вова.
Сколько тебе лет? - Мне семь лет.
Кто это? - Это Вова.
У тебя есть книга? - Да, у меня есть книга.
Что это? - Это лодка.
Дай, пожалуйста, мяч! - На, возьми!

РАБОЧАЯ ТЕТРАДЬ, с. 19

Мальчики бегут.
Девочки и мальчики идут.
Девочка читает.
Мальчик сидит.
Девочки и мальчики спят.

Окончание занятия
(УЧЕБНИК, с. 12)

Игра «Цифры-циферки»
Учитель пишет на доске цифру или показывает карточку с цифрой, а ученики называют ее.

Подготовка к следующему уроку:
Приготовьте к следующему уроку карточки с буквами алфавита, а также мелкие карточки или кружочки для игры в «Бинго».

③ Занятие

На этом занятии мы изучаем:

> буквы алфавита,
> а также повторяем пройденное
> на уроках 1-4.

Слова:

> повторяем изученные накануне слова.

Повторение/разминка

Читаем буквы алфавита со с.2 Учебника.
Игра *«Буквы-буквочки»*
(описание игры см. Урок 5, Занятие 1). Учитель достаёт карточку с буквой, а ученики должны придумать русское слово на эту букву.

Чтение по слогам
Основная часть урока
УЧЕБНИК, с. 20

Повторяем слова.
Для этого играем в «Бинго» на с. 20.
Ученики выбирают для себя блок
из 6 картинок. Картинки должны находиться рядом друг с другом. Оставшиеся на картинке страницы прикрывают бумагой. Учитель называет слова со с. 20 в случайном порядке. Если в блоке у ученика есть это слово, то он его закрывает карточкой или кружочком. Первый, кто закрыл все картинки в своём блоке, кричит: «Бинго!»

Можно назначить ведущим одного из учеников.

Также игру «Бинго» можно дополнить.
В этом случае один ученик по очереди называет предметы на картинке,
а другой их показывает.
Игру «Бинго» советуем проводить
в очень быстром темпе.

Чтение и письмо
РАБОЧАЯ ТЕТРАДЬ, с. 20

Написать слова под картинками.
Раскрасить картинки.

Окончание занятия

Предложите детям игру «**Крокодил**» со всеми пройденными словами.

Приготовьте к следующему уроку:

На следующем уроке для выяснения усвоения пройденного материала
учениками рекомендуем Вам провести
Контрольную работу №1, поэтому нужно подготовить достаточное количество копий рабочих листов для контрольной.
Описание работы с контрольными
дано на с. 6 Книги для учителя.

На очередное занятие к Уроку 6
Вам надо подготовить игрушечные предметы
в виде хлеба, яиц, бутербродов (из наборов для игрушечных магазинов, например).
Если такой возможности нет, то используйте картинки из Учебника, с. 21.

ГЛАВА 6

❶ Занятие

На этом занятии мы изучаем:

> слова и выражения, объединенные темой «Еда. Что мы едим и пьем?»:
> Что ты ешь? Я ем рис.
> Я ем, и мы едим.
> Я пью, и ты пьёшь.
> Хлеб, молоко, рис, вода, чай, бутерброд, яйцо, кофе, ем, пью, ешь, пьёшь.

Повторение/разминка
УЧЕБНИК, с. 20

Поиграйте в «Бинго».

Чтение по слогам

Тренируйте чтение по слогам новых слов, обратив особое внимание
на слово «бутерброд».
Разбейте его на слоги *(бу-тер-брод)* и прочитайте вслух вместе с учениками. Длинные слова можно учить следующим образом: сначала учитель делит слово на слоги, а затем читает слово по слогам.

Потом учитель читает последний слог или сочетание букв в самом конце слова. Например, в слове «бутерброд» можно начать с буквосочетания «од». Учитель показывает, какие буквы он читает. Ученики повторяют за ним. Когда чтение буквосочетания «од» отработано, добавьте букву «р» и читайте «род», затем добавьте букву «б». Обязательно показывайте детям, что вы начинаете читать с последних букв, с конца слова. Добавьте еще один слог – «тер», и вот у Вас уже получилось «тер-брод», и в самом конце читайте все слово целиком.

Не забудьте включить в упражнения на чтение слоги с буквами Я и Й, а также слог ЯЙ. Это необходимо для нового слова «яйцо», которое ученики встретят на этом занятии.

Основная часть урока
(УЧЕБНИК, с. 21)

Если получится, то можно принести игрушечные предметы в виде хлеба, яиц, бутербродов (из детских наборов для игрушечных магазинов, например).
Если такой возможности нет, то используйте картинки из Учебника, с. 21.

Показывайте предмет и называйте его вслух, повторив два или три раза. Дети повторяют за Вами – сначала хором, потом по одному.

На уроке 2 (с. 5 Учебника) дети уже встречали слово «ест». Покажите это слово на картинке «Вика ест» или попросите кого-нибудь из учеников показать, как он/она ест. Повторите фразу несколько раз, и пусть ученики повторят за Вами. Убедитесь, что все дети поняли, о чем идёт речь, потому что на этом уроке Вы также представляете другие формы этого глагола: «ем, ешь».
Если у Вас есть игрушечная еда, изобразите, как Вы едите рис, яйцо или бутерброд. Скажите несколько раз: «Я ем рис». Ученики повторяют за Вами хором, затем по одному. Когда фраза звучит уверенно и ребята понимают, о чем они говорят, спросите у одного из учеников: «Что ты ешь?»
Помогите ему ответить, если необходимо.

То же задание со словами «пью» и «пьёшь».

После этого ученики выполняют задание «Покажи и скажи» на с. 21 Учебника. Учитель спрашивает: «Что ты ешь?»,
а ученик, показывая на нужную картинку, отвечает: *«Я ем рис»*. Аналогично поступаем с вопросом: *«Что ты пьёшь?»*

Чтение и письмо
(РАБОЧАЯ ТЕТРАДЬ, с. 21)

Учитель вместе с учениками рассматривает рисунки. Ученики называют вслух все нарисованные предметы. Затем ученики читают написанные слова и вписывают буквы с ответами в нужные квадратики.

Ответы на задания:
РАБОЧАЯ ТЕТРАДЬ, с. 21:
1) б; 2) г; 3) а; 4) е; 5) д; 6) в; 7) з; 8) ж.

Окончание занятия

Игры «**Гонки за буквами**» или «**Крокодил**» с использованием уже изученных слов.

 Занятие

На этом занятии мы изучаем:

> вопросительные и отрицательные конструкции предложений:
> У тебя молоко? – Нет, у меня вода.
> Я пью воду.

Слова и выражения:

> они пьют, они не пьют.

Повторение/разминка

Игра «Что это?» (Учебник, с. 15). Повторение вопросов «У тебя есть ... ?» (Учебник, с.14) Чтение по слогам

Основная часть урока
(УЧЕБНИК, с. 22)

Учитель читает вслух вопросы и ответы из комикса. Убедитесь, что дети понимают все фразы. После этого ученики повторяют за учителем несколько раз вслух – сначала хором, а затем по одному. Далее делайте упражнение «Цепочка» с каждой фразой со с. 22 Учебника.

Упражнение «Съедобное/несъедобное». Учитель задаёт вопрос: «*Ты ешь ... ?*» и называет слова из списка: мяч, компьютер, велосипед, письмо, тетрадь, яблоко, слон, карандаш, хлеб, рис, бутерброд, апельсин. Ученики должны ответить: «Я ем ... » – или: «Я не ем ... ». Например: «Ты ешь яблоко?» – «Да, я ем яблоко». «Ты ешь мяч?» – «Нет, я не ем мяч».

Упражнение «Пьёшь или нет?». Оно объясняется аналогично упражнению «Съедобное/несъедобное». Объясните ученикам, что пьют только жидкости, и поэтому когда Вы называете твёрдую пищу (яблоко, рис, бутерброд), то ученики должны ответить, что они это не пьют. Например, учитель задаёт вопрос: «Ты пьёшь молоко?» Ученик отвечает: «Да, я пью молоко». Учитель спрашивает: «Ты пьёшь апельсин?» Ученик отвечает: «Нет, я не пью апельсин». Предложение «Я пью воду» дается для запоминания. Скажите ученикам, что позднее мы будем изучать случаи, когда надо говорить «вода», а когда - «воду».

Работа в парах: ученики задают друг другу вопросы «Что ты ешь?» и «Что ты пьёшь?».

Чтение и письмо
(РАБОЧАЯ ТЕТРАДЬ, с. 22-23)

С. 22. Ученики сначала читают слова в рамке. Убедитесь, что они понимают их значение. Если необходимо, можно подсказать ученикам, добавив местоимения:
он ест, я ем, они едят - и т.д.

После этого ученики читают предложения из комикса и выбирают нужные слова из рамки.

С. 23. Во время урока вы уже проговорили все фразы, поэтому учеников не должна затруднить Ваша просьба вставить нужные слова.

При проверке этого задания оценивайте только правильность выбора слова,
т.к. здесь не рекомендуется оценивать орфографию.
Если слово написано неправильно, то поправьте, но оценку не снижайте.

Ответы на задания
Страница 22:
1) едим; 2) ешь; 3) едят; 4) ем; 5) ест.
Страница 23:
Ты <u>пьёшь</u> молоко? - Да, я <u>пью</u> молоко.
Ты <u>пьёшь</u> чай? - Нет, я тоже <u>пью</u> молоко.
Мы <u>пьём</u> молоко. - А что вы <u>пьёте</u>?

Окончание занятия

Игра «**Крокодил**» с изученными словами:
ешь, пьёшь, едим, пьём, ем, пью.

❸ Занятие

На этом занятии мы изучаем:

вопросительные и отрицательные конструкции предложений, объединенных темой «Еда. Что мы едим и пьем?»

Слова и выражения:

Я ем, и мы едим. Я пью, и ты пьёшь.
Я ем рис.
У тебя молоко? - Нет, у меня вода.
Я пью воду. Хлеб, молоко, рис, вода, чай, бутерброд, яйцо, кофе, ем, пью, ешь, пьёшь.

Повторение/разминка

Упражнение «Покажи и скажи». Ученики показывают на картинке в Учебнике слова со с. 21 и называют их вслух. Учитель помогает, подсказывая и подбадривая.

Чтение по слогам

Читайте по слогам новые слова. Обратите внимание учеников, что в слове «хлеб» последняя буква читается как «п».

Основная часть урока
(УЧЕБНИК, с. 23)

Сделайте акцент на повторение форм глаголов «*есть*» и «*пить*».
Для этого можно сделать следующее: пригласить выйти перед классом группу из 2-3 учеников с одной стороны и одного ученика - с другой. Покажите на себя и скажите: «Я ем» и «Я пью». Затем покажите на группу учеников и скажите: «Они едят» и «Они пьют». После этого покажите на одного ученика и скажите: «Он ест», «Он пьёт». Ученики повторяют за Вами - сначала все вместе, потому по одному. Дайте возможность отработать эти предложения.

Упражнение для работы в парах.
Учебник, с. 23. Ученики спрашивают друг у друга: «Что ты ешь?», «Что ты пьёшь?», «Ты ешь рис?», «Ты пьёшь молоко?» - и т.д.

Чтение и письмо
РАБОЧАЯ ТЕТРАДЬ, с. 24

Кроссворд
Ответы на задания

Окончание занятия
УЧЕБНИК, с. 24

Игра «Угадайка»
Один ученик загадывает то, что он пьёт, и записывает на листочке бумаги. Листочек отдаёт учителю. Другие ученики задают вопросы, ученик должен ответить словами «Правильно», «Неправильно» или предложениями: «Я не пью чай».
То же самое с едой – «Я ем рис».
Помогайте ученикам, подсказывайте. Обязательно поощряйте их словом «Молодец!» при верном ответе.

Подготовка к следующему уроку:
На следующее занятие попросите детей принести цветные карандаши.

Подготовьте также карточки разных цветов: чёрного, белого, голубого, зелёного, жёлтого, красного.

Обратите внимание детей на то, что в русском языке слова «голубой» и «синий» означают разные цвета. Мы изучаем голубой.

ГЛАВА 7

1 Занятие

На этом занятии мы изучаем:

> имена прилагательные, обозначающие цвета.

Слова и выражения :

> Какого цвета книга? – Книга красная.
> Чёрный, белый, голубой, зелёный, жёлтый, красный.

Повторение/разминка

Игра «Где?» (Учебник с. 16). Где апельсин? Где книга? И т.д.

Чтение по слогам

Повторите те слоги, которые вы уже читали, начиная со слогов, оканчивающихся на гласные *(ТА, НЯ, ЖЁ)*, потом почитайте слоги, оканчивающиеся на согласные *(ЯМ, УФ, ИХ)*.

Если вы видите, что вашим ученикам сложно читать какие-то слоги, проработайте их еще раз.

Основная часть урока
(УЧЕБНИК, с. 25)

1. Учитель показывает цвета на карточках или на картинке в Учебнике (с. 25) и называет их вслух, а ученики повторяют – сначала хором, затем по одному.

После этого учитель называет цвет, ученики показывают этот цвет на картинке.

Затем учитель показывает цвет, дети говорят его название по-русски.

2. В следующей части урока можно использовать и/или картинки из Учебника (с. 25), и/или одноцветные предметы. Учитель спрашивает: «Где зелёная машина?», «Где белое молоко?» Ученики показывают картинки из Учебника.

3. Учитель читает вслух подписи к картинкам, обращая особое внимание на окончания имён прилагательных, обозначающих цвета. Спросите у учеников, видят ли они разницу в их написании?

Дайте ученикам возможность рассмотреть слова и убедиться в том, что у них разные окончания (-АЯ, -ОЕ, -ЫЙ).

После этого учитель спрашивает у учеников: «Может, вы уже догадались, когда надо говорить зелёнЫЙ, а когда зелёнАЯ?» Ученики дают свои варианты ответов,
строя разные предположения.
Если они затрудняются с ответом, то дайте им подсказку о том, что надо смотреть на последние буквы в словах (машинА, молокО, зонтиК). Так, если последняя буква А, то в названии цвета тоже будет -А, и окончание будет -АЯ. Если в конце стоит буква О, то окончание будет -ОЕ. А если в конце стоит согласная, то окончание будет -ЫЙ.

Чтение и письмо
(РАБОЧАЯ ТЕТРАДЬ, с. 25)

Раскрасить рисунок.

Окончание занятия

Игры из Учебника (на Ваш выбор).

Подготовка к следующему уроку
Напомните ученикам, что на следующий урок надо принести цветные карандаши.

❷ Занятие

На этом занятии мы изучаем:

род имён существительных и прилагательных.

Повторение/разминка
(УЧЕБНИК, с. 25)

Спрашивайте у учеников про предметы на картинке: *«Где зелёная машина?»*, *«Где зелёное яблоко?»*

Чтение по слогам

Читайте название цвета в мужском, женском и среднем родах: белый, белая, белое; чёрный, чёрная, чёрное; жёлтый, жёлтая, жёлтое – и т.д.

Основная часть урока
(УЧЕБНИК, с. 25-26)

Найдите яблоко на картинке (с. 25). Спросите: *«Какого цвета яблоко?»* Дайте ответ: «Яблоко зелёное». Продолжайте с остальными картинками. Убедитесь, что дети догадались, что означает вопрос: *«Какого цвета?»* Учитель произносит фразы ещё раз, ученики повторяют за ним хором, потом по одному.
Упражнение «Цепочка». Ученики задают друг другу вопрос: *«Какого цвета ... ?»* и отвечают на него. Используйте рисунки из Учебника или те предметы, что окружают детей в классе.

Читайте вслух диалоги на с. 26. Ученики повторяют за учителем – сначала все вместе, потом по одному. Учитель задаёт ученикам вопросы из диалога, затем ученики попарно задают эти вопросы друг другу.

Чтение и письмо
(РАБОЧАЯ ТЕТРАДЬ, с. 26)

Ученики должны узнать названия цветов. Они самостоятельно читают подписи к картинкам и раскрашивают картинки в нужные цвета.
В нижней части страницы задание

усложняется. Надо не только правильно прочитать название цвета, но и написать окончание. Пройдите по классу и напомните ученикам о том, что при затруднении правописания в этом случае надо обращать внимание на последнюю букву слова.

Ответы на задания:
Голуб<u>ая</u> лодка, красн<u>ый</u> мяч, зелён<u>ое</u> яблоко.

<u>Окончание занятия</u>

Поиграйте в **«Бинго»** на с. 20.

Приготовьте к следующему уроку
три листа цветной бумаги
из комплекта «Три богатыря*».
Автор рекомендует один лист красного цвета, другой – синего, третий – зеленого.
На красном напишите большую букву А (чтобы ученики ее хорошо видели),
на зеленом – букву О. На синем листе ничего писать не надо.

Потребуется также принести мелкие предметы, названия которых дети знают: книга, мяч, машина, яйцо (игрушечное), яблоко (тоже игрушечное) и др. Можно вместо предметов использовать картинки.

---

* См. О.Н. Каленкова.
Уроки русской речи:
Учебно-методический комплекс.
Книга для преподавателя.
М., Русский язык, 2013.

❸ Занятие

На этом занятии мы изучаем:
род имен существительных и прилагательных.

Повторение/разминка

Игра «Бинго», с. 20 Учебника.
Можно добавить цвета: голубой самолёт, жёлтый стол, зелёный велосипед.

Чтение по слогам

проходит в обычном режиме.
Читайте уже знакомые слоги и слова, учитесь читать, четко проговаривая, новые слова урока.

Основная часть урока
(УЧЕБНИК, с. 27)

У учителя на столе лежат предметы
(или картинки с разными предметами, названия которых дети уже знают).
На доске прикреплены три листа бумаги разных цветов из комплекта «Три богатыря»: один лист (можно красного цвета) – с буквой А, второй лист (зеленый) – с буквой О, а третий, синий, пустой. Учитель берет со стола по очереди предметы (или картинки), называет вслух и раскладывает под нужной буквой – в зависимости от окончания. Так, все предметы, оканчивающиеся на А, идут в группу под красным листом А (книга, ручка, кукла), – и так далее. Потом учитель кладет все предметы, перемешивая, снова на стол и предлагает ученикам уже самим опять разложить их правильно.

Чтение и письмо
(РАБОЧАЯ ТЕТРАДЬ, с. 27-28)

Прочитайте задание вместе с учениками, убедитесь, что они поняли задание, а затем проговорите четко ответы.

С. 27. Соединить слов, в зависимости от их рода, с картинкой вверху.

С. 28. Надо выбрать правильный ответ и зачеркнуть неправильный, а потом раскрасить рисунок.
Ответы на задания:

С. 27. *Мужской род* (оканчивается на согласный): рис, стол, чай, бутерброд, ящик, стул, карандаш.
Женский род: вода.
Средний род: молоко, яблоко, яйцо.

С. 28. Белая машина, белый мяч, белое и жёлтое яйцо, чёрный и белый зонтик, чёрный чай, красная лодка, голубая линейка, зелёный карандаш, чёрная ручка, белое молоко, жёлтое яблоко.

<u>**Окончание занятия**</u>
<u>**(УЧЕБНИК, с. 28)**</u>

Игра «Покажи мне, где...»
Обратите внимание!
Если Вы будете употреблять конструкцию «Покажи мне ...», то существительное в этом случае должно будет стоять в винительном падеже, а потому в женском роде форма изменится: «Покажи мне книгУ».
Ваши ученики еще не проходили винительный падеж, поэтому автор рекомендует задавать вопрос: «Покажи мне, где...» В этом случае существительные будут употребляться в именительном падеже,
с которым ученики уже знакомы.

Подготовка к следующему уроку:
На следующем уроке мы будем изучать, как называются по-русски члены семьи. Может быть, Ваши ученики захотят принести на урок фотографии своих родных? Спросите их об этом. Подготовьте фотографии и Вашей семьи.

ГЛАВА 8

 **Занятие**

На этом занятии мы изучаем:
имена существительные, объединенные темой «Семья. Члены семьи».
Слова:
мама, папа, дедушка, бабушка, брат, сестра, дочь, сын.

Повторение/разминка

Поиграйте в игру «*Запомни*». Ученики рассматривают картинку с игрой «Бинго» в Учебнике на с. 20, после чего закрывают Учебники и по памяти называют слова, которые они запомнили. Учитель записывает их на доске. Когда Вы записали все названные слова, ученики открывают Учебники и делают проверку. Если слово записано на доске, его подчеркивают, а если слово не записано, то его записывают на доску.

Чтение по слогам

проходит в обычном режиме. Читайте уже знакомые слоги и слова, учитесь читать новые слова урока.

<u>**Основная часть урока**</u>
<u>**(УЧЕБНИК, с. 29)**</u>

Покажите фотографию Вашей семьи, расскажите о ней: «Это моя мама, это мой папа». Спросите у учеников: «У тебя есть папа?», «У тебя есть мама?» Пусть они ответят «да» или «нет». Попросите у учеников показать их фотографии, спросите у них: «Это твой папа? Это твой брат?» Пусть они ответят «да» или «нет».
Отработайте предложения с новыми словами в парах или по цепочке.
Откройте учебники на с. 29. Читайте вслух слова. Ученики повторяют за Вами - сначала все вместе, потом по одному.

Чтение и письмо
РАБОЧАЯ ТЕТРАДЬ, с. 29

Попросите учеников нарисовать свою семью на странице в Рабочей тетради. Пусть они подпишут портреты словами «*мама*», «*папа*», «*бабушка*», «*дедушка*», «*брат*», «*сестра*».

Подскажите ученикам, что проверить написание слов можно в Учебнике на с. 29.

Дополнительное задание - написать имена членов семьи по-русски. Здесь ученикам потребуется помощь учителя.

Окончание занятия

Диктант «**Суриков**».
Продиктуйте ученикам словосочетания «имя существительное + имя прилагательное», например: *жёлтый мяч, чёрный карандаш, красная машина*, - и пусть затем ученики нарисуют соответствующие заданным словосочетаниям картинки.

Приготовьте к следующему уроку:
Ваши семейные фотографии и фотографии Ваших учеников.

 Занятие

На этом занятии мы изучаем:

имена существительные, объединенные темой «Семья. Члены семьи».

Слова:

моя, мой, моё, мои, его, её.

Повторение/разминка
(УЧЕБНИК, с. 18)

Расскажите о героях на картинке, затем попросите учеников рассказать о своих друзьях. Помогите, если ученикам трудно.

Чтение по слогам

Потренируйте слова «моя», «моё», «моё», «его», «её». Чтение букв *Ё, Я, Й* часто вызывает затруднения. Обратите особое внимание на слово «его», так как написание и произношение этого слова (*[иво]*) различаются.

Основная часть урока
(УЧЕБНИК, с. 30)

Учитель читает рассказ на с. 30 Учебника. Ученики повторяют за учителем - сначала все вместе, потом по одному. Повторение за учителем - очень важный процесс.

После этого расскажите ученикам о своей семье, покажите им фотографии. Например: «Это моя мама, я её дочь», «Это мой брат». Задайте вопросы ученикам про их семью, например: «Это твоя бабушка? Как её зовут?». Ученики могут использовать фотографии семьи или картинки, которые они нарисовали на с. 29 в Рабочей тетради.
Убедитесь, что дети понимают все слова.

Чтение и письмо
(РАБОЧАЯ ТЕТРАДЬ, с. 30)

Прочитайте задание, рассмотрите картинку, покажите на семейное дерево. Спросите у детей, знают ли они, что это такое. Объясните, что семью часто рисуют в виде дерева, где старшее поколение - это корни, от которых

растут молодые ветви – дети,
их потомки.
Проговорите всё задание сначала устно, убедитесь, что ученики понимают, о чем идет речь. После того как Вы проговорили все слова и предложения в задании, ученики могут приступать к письму.

Ответы на задания:
Это моя <u>бабушка</u>. Это мой <u>дедушка</u>.
Это мой <u>папа</u>. Это моя <u>мама</u>. Это я, Вова.
Это моя <u>сестра</u> Аня. Я её <u>брат</u>.

<u>Окончание занятия</u>
(УЧЕБНИК, с. 28)

Игра «Покажи мне, где чёрный карандаш».

 **Занятие**

На этом занятии мы изучаем:
род притяжательных местоимений.

Слова:
мой, моя, моё, мои, её, его.

<u>Повторение/разминка</u>
(УЧЕБНИК, с. 24)

Игра «Что ты ешь?».

<u>Чтение по слогам</u>

Читайте слова с цветами в разных родах: чёрный, чёрная, чёрное, чёрные; жёлтый, жёлтая, жёлтое, жёлтые и т.д.

<u>Основная часть урока</u>
(УЧЕБНИК, с. 30-31)

Учитель читает рассказ Ани о своей семье на с. 30 Учебника.

После этого учитель спрашивает у учеников: «Может, вы уже догадались, когда надо говорить мой, а когда моя?» Ученики дают свои варианты ответов, строя разные предположения. Подскажите им, что они уже встречали такое, когда говорили о цвете.

Ученики должны вспомнить: если слово оканчивается на А, то с этим словом надо говорить МОЯ (моя книга, моя кукла);
если слово оканчивается на О, то с ним надо говорить МОЁ (моё яблоко, моё яйцо);
если слово оканчивается на согласный, то надо говорить МОЙ (мой стол, мой зонтик).

На с. 31 Учебника прочитайте все слова вслух, назовите изображенные предметы. Затем предложите ученикам выбрать правильное слово к картинкам. Подсказывайте и не забывайте подбодрять.

Чтение и письмо
(РАБОЧАЯ ТЕТРАДЬ, с. 31-32)

С. 31. Вставить нужное слово.
Прочитайте задание с учениками. Спросите, как они будут рассуждать при выборе слова. Подскажите, что надо смотреть на последние буквы слова. Например, в слове «карандаши» последняя буква - «И».
Значит, надо выбрать слово, которое тоже заканчивается на «И», и это будет слово «МОИ». И так далее.

С. 32. Найти слова из рамки.

Ответы на задания
1. Учебник, с. 31: моё яблоко, моё яйцо, моё письмо; моя ручка, моя книга, моя линейка; мой ластик, мой мяч, мой карандаш; мои ручки, мои яблоки, мои карандаши.

2. Рабочая тетрадь, с. 31: <u>мои</u> карандаши, <u>моя</u> машина, <u>мой</u> зонтик, <u>мой</u> компьютер, <u>моё</u> яблоко.

3. Рабочая тетрадь, с. 32:

Б	О	С	Е	М	Ь	Я	Л	М	З
Р	Ф	Ы	В	А	О	Л	Д	Ж	Т
А	Н	Б	А	Б	У	Ш	К	А	Ё
Т	Й	Ц	У	К	П	А	П	А	Я
Я	М	А	М	А	Ч	С	М	И	С
Д	Е	Д	У	Ш	К	А	Б	Ю	Е
Ж	Д	Л	О	Р	П	А	В	Д	С
Й	Ц	С	У	К	Е	Н	Н	О	Т
П	Р	Ы	М	И	Т	Ь	Б	Ч	Р
Х	Я	Н	П	А	В	Ы	Ф	Ь	А

Окончание занятия
(УЧЕБНИК, с. 32)

Игра «Мой любимый герой»
Учитель предлагает одному из учеников изобразить известного всем героя. Остальные ученики, задавая ему вопросы: «Ты девочка?», «Ты мальчик?», «Тебе восемь лет?», - пытаются определить, кого он изображает.

Поиграйте несколько раз с разными учениками и разными героями.

Приготовьте к следующему уроку:
Для следующего занятия понадобятся парные предметы: большая книга - маленькая книга, короткий карандаш - длинный карандаш, большой мяч - маленький мяч и т.д. Можно использовать карточки или картинки с этими предметами.
Также важно иметь к следующему занятию предметы/картинки для введения новых слов: дерево (высокое и низкое), коробки (маленькая и большая), картинки или фигурки животных с хвостами (коротким и длинным).

ГЛАВА 9

1 Занятие

На этом занятии мы изучаем:

слова и словосочетания, объединенные темой «Размеры».

Слова и выражения:

Покажи мне, где большой стол.
Дерево, хвост, высокий, низкий, короткий, длинный, большой, маленький, коробка.

Повторение/разминка

Любая игра из Учебника (по выбору).

Чтение по слогам

Читайте слоги и буквосочетания из новых слов.

Основная часть урока
(УЧЕБНИК, с. 33)

1. В этой части урока книги учеников закрыты, так как для объяснения учебного материала учитель использует сумку (или коробку), в которую предварительно положены попарно (всего достаточно будет 3-4 пары) нужные предметы, а именно: большая книга - маленькая книга,
длинный карандаш - короткий карандаш,
большой мяч - маленький мяч.
Учитель достает один из предметов и спрашивает: «Что это? Это мяч?» Ученики должны подтвердить: «Да, это мяч», - или: «Нет, это не мяч». Далее учитель говорит: «Это большой мяч», - или: «Это маленький мяч». Ученики слушают и повторяют. Делайте это с каждым предметом по отдельности. Ученики слушают и повторяют за Вами все слова.

2. Убрав все предметы обратно в коробку, учитель снова достает пару из них: например, две книги - большую и маленькую. Показав на большую, говорит: «Большая книга». Потом, показав на маленькую, говорит: «Маленькая книга». Пусть ученики повторят за учителем. Следующую пару предметов просто покажите, и пусть ученики сами называют предметы и дают им определения: длинная линейка, это маленькая ручка. Подсказывайте им, если это необходимо.

Если у Вас нет нужного количества парных предметов, то используйте или картинки, или карточки с предметами, или просто рисуйте на доске предметы разных размеров.

3. У учителя остаются спрятанными две коробки - маленькая и большая, а также два изображения дерева - высокого и низкого.

4. Открываете учебники, читаете новые слова. Сначала читает учитель, ученики повторяют. Ученики уже знакомы со всеми словами, поэтому чтение не должно вызывать у них затруднений.

Чтение и письмо
(РАБОЧАЯ ТЕТРАДЬ, с.33)

У нас четыре героя: Вика, Максим, Вова, Аня. Учитель показывает на картинку в Рабочей тетради и спрашивает: «Как его/её зовут». Ученики отвечают. Далее учитель показывает стол Вики и перечисляет предметы на столе. Потом учитель читает описание стола Вики. Спрашивает у учеников: «Правильно?». Ученики отвечают: «Правильно». Учитель показывает, что если вот здесь написано слово «Вика», - значит, да, это её стол. Учитель показывает следующий стол и предлагает ученикам назвать предметы. Обязательно спрашивайте: «Большое яблоко или маленькое? Большая книга или маленькая?» Ученики отвечают. После этого ученики читают описание следующего стола. Когда они узнают, чей стол на картинке, то пишут имя хозяина стола.

Ответы на задания:
Рабочая тетрадь, с. 33.

По горизонтали, верхняя строка: Вика, Аня.
Нижняя строка: Максим, Вова.

Окончание занятия

Предложите ученикам **игры** из Учебника или игру «Гонки за буквами».

Приготовьте к следующему уроку:
Для следующего урока потребуется комплект цветной бумаги «Три богатыря», см. Урок 7, Занятие 2.

 Занятие

На этом занятии мы изучаем:
слова и словосочетания, объединенные темой «Размеры».

Слова и выражения:
У тебя есть длинная линейка?

Повторение/разминка

«Три богатыря». Повторяем род имён существительных. Делим доску на три части или прикрепляем три листа бумаги разного цвета на доску, стулья, стол – по выбору учителя. На доске или бумаге пишем букву А, и сюда мы будем класть предметы женского рода, оканчивающиеся на –А; на втором листе напишем букву О, и сюда мы будем класть предметы среднего рода, оканчивающиеся на –О. Третий лист оставим пустым, сюда мы положим предметы мужского рода с окончанием на согласный. Учитель берёт знакомые ученикам предметы, называет их вслух и раскладывает по трем разным родам.
Потом это делают ученики.

Учитель напоминает, что со всеми словами из группы на –А мы будем употреблять слова, оканчивающиеся на –АЯ (большАЯ куклА, краснАЯ машинА), а со всеми словами на –О следует выбирать окончание –ОЕ: высокОЕ деревО, белОЕ яйцО. Со словами на согласный мы берем окончание –ЫЙ.

Теперь учитель снова достает предмет из каждой группы, а ученики должны правильно назвать признак предмета.
Чтение по слогам
проводится в обычном режиме – повторяйте уже знакомые слова и слоги, учите те, которые вызывают затруднения,
особенно слоги с Ё, Й, Я, Ю, Щ, Ь, Ъ.

Основная часть урока
(УЧЕБНИК, с. 34-35)

Диалог Вики и ее мамы. Учитель читает вслух. Дети повторяют за учителем. Учитель и ученики вместе рассматривают картинку и называют предметы, которые лежат у Вики в сумке.

После этого ученики должны в парах задавать друг другу вопросы:
«У тебя есть … ?» Напомните им о том, что в этих вопросительных конструкциях надо обязательно добавлять слова «большой, маленький, длинный, короткий» или указывать цвет предмета.

Цель этого упражнения - закрепить особенности словоупотребления имен прилагательных в зависимости от рода имени существительного.

Учебник, с. 35. «Покажи и скажи».
Ученики показывают на картинки и называют то, что на них нарисовано, обращая внимание на размер предмета:
большой мяч - маленький мяч,
короткий зонтик - длинный зонтик и т.д.

Чтение и письмо
(РАБОЧАЯ ТЕТРАДЬ, с. 34-35)

С. 34. Ученики должны быть внимательны и правильно соединить слова. Подскажите, что надо обратить особое внимание на окончания.

С. 35. Написать нужные слова под картинкой.

Ответы на задания:
Рабочая тетрадь, с. 34. Большая книга, высокое дерево, высокая девочка, высокий мальчик, маленький мяч, длинная линейка, короткий карандаш, маленькое яблоко.
Рабочая тетрадь, с. 35. По горизонтали (слева направо): большой мяч, большое яйцо, низкий стул, маленький мяч, маленькое яйцо, короткий карандаш, длинный карандаш, короткий хвост,
высокое дерево, длинный хвост.

Окончание занятия

Предложите **любую игру** (по выбору) с использованием изученных словосочетаний «имя прилагательное +
имя существительное».

Приготовьте к следующему уроку:
комплект цветной бумаги «Три богатыря».

3 Занятие

На этом занятии мы изучаем:

и закрепляем род имен существительных и местоимений.

Слова и выражения:

У тебя есть ... ? Мой, моя, мое.

Повторение/разминка

Игра *«Покажи чёрный карандаш»*, Учебник, с. 28. Играем с новыми словами: короткий, низкий, высокий и т.д.

Чтение по слогам
Основная часть урока

Приготовьте листы *«Три богатыря»*. Достаньте из сумки «Скатерть-самобранка» предметы или картинки и разложите их по родам, а именно: предметы с окончанием на А – в один раздел, предметы на О – в другой, на согласный – в третий.

После этого Вы берете один из предметов и, показав, просите детей назвать его полным (развернутым) ответом, то есть с использованием соответствующих имен прилагательных. Например, Вы взяли книгу. Дети в этом случае должны сказать, что книга – большая, красная. Если ручка, то – длинная, чёрная. И т.д. Обратите особое внимание на окончания имен прилагательных. Ученики должны отработать употребление окончаний в разных родах. Сначала пусть это будут слова одного рода,
а позднее, когда употребление правильных окончаний у них станет более уверенным, можно предложить им слова разных родов.

Чтение и письмо
(РАБОЧАЯ ТЕТРАДЬ, с. 36)

Посмотрите на сумку Вики вместе с учениками, и пусть они расскажут, что видят. После этого прочитайте список предметов и отметьте, что в ней есть.

Ответы на задания:
Рабочая тетрадь, с. 36.
1. Да; 2. Да; 3. Да; 4. Да; 5. Нет; 6. Нет;
7. Нет; 8. Да.

Окончание занятия
(УЧЕБНИК, с. 36)

Игра «Моя коробка»

Ученик выбирает себе одну из коробок на рисунке. Другие ученики задают ему вопросы, пытаясь угадать, какая у него коробка.
В эту игру можно играть с настоящими коробками и предметами.

Приготовьте к следующему уроку:

К следующему занятию потребуются карточки с буквами.

Кроме этого, надо принести на урок игрушечную кошку и игрушечную собачку. Игрушки желательно иметь мягкие, которые легко сгибаются. Если игрушек нет, то можно принести картинки с кошкой и собачкой.

Также понадобится «скатерть-самобранка».

ГЛАВА 10

 Занятие

На этом занятии мы изучаем:

слова и выражения, объединенные темой «Домашние животные».
Подготовка к Контрольной работе №2 (повторение).

Слова и выражения:

Моя кошка любит играть. Кошка, собака, любит, люблю, играть, гулять, бегать, спать.

Повторение/разминка

Из карточек с буквами составьте анаграммы на слова, обозначающие размеры: ШЬОЙБЛО (большой), КОСЙЫВИ (высокий), РООТИКЙК (короткий).
Ученики должны расставить буквы правильно и прочитать слова.

Чтение по слогам

Чтение слогов из новых слов. Особое внимание обратите на буквосочетание ТЬ.

Основная часть урока
(УЧЕБНИК, с. 37)

1. Учитель достает из «скатерти-самобранки» игрушечную кошку, ставит ее на стол и говорит «кошка». Ученики повторяют. Учитель говорит «моя кошка», ученики повторяют за учителем. Учитель говорит: «Её зовут Мурка». Дети повторяют хором. Ученикам должны быть знакомы все слова, так как они уже встречались с ними на предыдущих уроках. О значении слова «кошка» ученики догадываются сами, так как видят перед собой игрушечную кошку.
Тем не менее учитель должен убедиться в том, что ученики понимают, о чем или о ком идет речь.

2. Учитель начинает играть с игрушечной кошкой. Он показывает, как кошка спит, говоря вслух: «Кошка спит». Ученики повторяют. Учитель показывает, как «кошка играет», - ученики повторяют. «Кошка бежит», - и ученики вновь повторяют за учителем слова: «Кошка бежит».

3. Далее учитель достает из сумки собаку, показывает ее детям и говорит «собака», ученики повторяют за учителем. Учитель говорит: «Это моя собака», - дети повторяют. Учитель говорит: «Его зовут Шарик», - дети повторяют. Учитель говорит «Он играет», - дети повторяют за учителем. «Он бегает», - дети повторяют за учителем. «Он не любит спать». Здесь учитель впервые сказал слово «любит» и употребил инфинитивную форму глагола «спать». Это новые слова для учеников, и им надо объяснить, что это означает.

4. Учитель показывает на картинку или на игрушку и произносит цепочки слов, которые ученики повторяют вслед за ним.
Все эти глаголы уже знакомы ученикам, так как изучались ими раньше:
она спит - она любит спать;
он бежит - она любит бегать;
она играет - она любит играть;
гуляет - она любит гулять.

5. Упражнение «Цепочка» с новыми словами. Учитель начинает цепочку, говоря первому ученику: «Кошка играет». Ученик должен повернуться к своему соседу и дополнить сказанное словами: «Кошка любит играть. Кошка спит». Сосед говорит: «Кошка любит спать. Кошка ест» - и поворачивается к следующему ученику.
Так ребята друг за другом, по цепочке, произносят нужные слова, дополняя один другого и при этом увеличивая темп речи.

Чтение и письмо
(РАБОЧАЯ ТЕТРАДЬ, с. 37)

Начинается повторение и подготовка к контрольной работе. Напомните ученикам название цветов. В Рабочей тетради на с. 37 нужно прочитать цвета и раскрасить картинку.

Окончание занятия

Игра «Кто? Какой? Что делает?»
У каждого из учеников есть чистый лист бумаги. В верхней части этого листа они пишут ответ на вопрос: «Кто?»
Это может быть любое известное имя (Маша, Аня, Вова), или имя кого-нибудь из членов семьи или класса, или имя/кличка любимого животного.
Ученики заворачивают верхнюю строчку и передают листок соседу. Сосед не знает, что написано сверху, и должен написать ответ на вопрос: «Какой?» Это могут быть любые прилагательные, которые ученики уже изучали: большой, зеленый, длинный - и т.д.
Когда слово написано, надо снова завернуть лист, чтобы не видно было, что написано, и передать его следующему участнику (или вернуть соседу). Сосед, не видя написанного, пишет глагол, обозначающий любое действие: читает, бежит, спит, ест и т.д. Потом все раскрывают записки и читают ответы вслух.

Приготовьте к следующему уроку:
сумку с предметами для игры («скатерть-самобранку»).

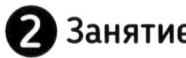 Занятие

На этом занятии мы изучаем:
глагольные формы.

Слова и выражения:
Я читаю газету и пью чай. Я люблю. Я не люблю. Делать, любить.

Повторение/разминка

Игра на память. Учитель кладет на стол 3-4 предмета, называет их по очереди. Например: зеленая книга, короткий карандаш, маленький ластик. Ученики повторяют за учителем, запоминают, какие предметы лежат на столе. Потом учитель прячет предметы или накрывает их бумагой, чтобы их было не видно. Ученики должны по памяти назвать то, что лежит на столе.
Они обязательно должны назвать не только сам предмет, но и его свойство, дав парную конструкцию «имя прилагательное + имя существительное».

Чтение по слогам

проводится в обычном режиме. Повторяйте старые слоги, учите новые.

Основная часть урока
(УЧЕБНИК, с. 38)

1. Учитель вместе с учениками рассматривает картинки Учебника на с. 38. Учитель показывает на картинку 1 и говорит: «Аня читает», «Аня любит читать». Ученики повторяют за учителем. Учитель показывает на картинку 2 и говорит: «Вика бежит. Вика любит бегать». Ученики повторяют за учителем. Картинка 3. Учитель говорит: «Вова играет. Вова любит играть». Картинка 4. Учитель говорит: «Вова не любит спать».

2. Учитель читает диалог из Учебника на с. 38, ученики повторяют за учителем. Учитель объясняет ученикам все непонятные слова и фразы.

3. Учитель задаёт ученикам вопросы: «Что ты любишь делать? Ты любишь читать? Ты любишь бегать?» Ученики отвечают: «Да, я люблю бегать», «Нет, я не люблю спать» - и т.д.

Чтение и письмо
(РАБОЧАЯ ТЕТРАДЬ, с. 38-39)

Проговорите все задания вместе с учениками и убедитесь, что все поняли задание. После этого ученики должны выполнить задания.

Ответы на задания:
Рабочая тетрадь, с. 38:
Я ем. Они едят. Она бежит. Ты ешь.

Рабочая тетрадь, с. 39:
Ты любишь бегать? Ты любишь читать? Ты любишь играть? Ты любишь спать?

Ответы «Да, люблю» или «Нет, не люблю» зависят от ученика.

Окончание занятия

Игра «Крокодил»
с использованием уже изученных цифр.
Подготовка к следующему уроку:
Для следующего урока понадобится «скатерть-самобранка».

❸ Занятие

На этом занятии мы изучаем:

слова и выражения, объединенные темой «Мои увлечения/ мое хобби»:
ты любишь, ты не любишь.

Слова и выражения:

я люблю, я сижу, я читаю, я бегу, я сплю, я играю.

Повторение/разминка

«Что у меня есть?» Вы выбираете один из предметов из своей «скатерти-самобранки», а ученики, задавая вопросы, пытаются догадаться, что за предмет может оказаться в руках учителя:
«Это линейка? Это книга? Это кукла? Это ручка?» - и т.д.

Чтение по слогам

Обратите внимание на слоги с буквами Ю и Ь, например: ЛЮ, БИШЬ, ЧИ, ТАТЬ - и т.д.

Основная часть урока
(УЧЕБНИК, с. 39)

1. Попросите одного из учеников выйти перед классом, а потом предложите ему сесть. Скажите: «Джон сидит». Сядьте тоже и скажите: «Я сижу». Попросите ученика взять книгу и «читать», а сами поясните его движения словами: «Джон читает». Тоже возьмите книгу и скажите о себе: «Я читаю». Пусть ученики повторяют вслед за Вами. Убедитесь, что ученики понимают, что Вы хотите сказать. После этого изобразите, будто Вы спите, и скажите: «Я сплю», а добавив другие действия, тоже поясните:
«Я бегу», «Я играю» - и т.д.

2. Учебник, с.39. Учитель с учениками рассматривают картинки. Потом учитель читает подписи к картинкам - попарно: «Газета. Я читаю газету», «Книга. Я читаю книгу». Спросите у учеников о том, заметили ли они, как изменяются слова? И еще: какие слова изме-

няются, а какие нет? Они должны ответить, что изменяются слова, оканчивающиеся на А. У них вместо А появляется У.

Чтение и письмо
(РАБОЧАЯ ТЕТРАДЬ, с. 40)

Написать нужные буквы. Рассмотрите страницу вместе с учениками, и пусть они расскажут, что нарисовано на картинке. Сначала устно найдите все ответы. После этого ученики пусть письменно выполнят задание.

Ответы на задания:
2. Короткий хвост – б;
3. Высокое дерево – д;
4. Низкое дерево – е;
5. Маленькая коробка – г;
6. Большая коробка – а.

Окончание занятия
(УЧЕБНИК, с. 40)

Игра «*Что ты делаешь?*»
Один ученик загадывает (и говорит учителю, что он загадал), а остальные, задавая вопросы:
«Ты читаешь?», «Ты читаешь книгу?», «Ты читаешь письмо?», – должны догадаться, что он делает. Подскажите ученикам, что в этом случае в предложении одновременно должно быть указание и на действие, и на предмет: «Я читаю книгу»,
«Я пью воду».

Приготовьте к следующему уроку:
На следующем уроке у Вас запланирована *Контрольная работа №2*. Подготовьте достаточное количество копий рабочих листов для контрольной. Описание работы с контрольными дано на с. 6 Книги для учителя.

На 11-м уроке Вы будете изучать время суток и слова, обозначающие время, поэтому приготовьте учебные часы, на которых можно легко переводить стрелки.

Кроме того, подготовьте картинки с изображением неба, солнца, облака, реки, дома, окна. Лучше по отдельной картинке на каждое слово, а еще лучше, если под картинкой будет подписано слово.

ГЛАВА 11

 Занятие

На этом занятии мы изучаем:

слова и выражения, объединенные темой «Время суток». Повторение чисел от 1 до 10; изучение чисел 11 и 12.

Слова и выражения:

небо, облака, солнце, дом, река, окно; утро, день, вечер.
Доброе утро! Добрый день! Добрый вечер!

Повторение/разминка

Повторяем числительные от 1 до 10, учим числа 11 и 12. Учитель достает из «скатерти-самобранки» мелкие предметы и начинает их считать. Ученики считают вместе с ним. Учитель с учениками считают до 10, потом учитель продолжает считать *«одиннадцать»*, *«двенадцать»*. Ученики повторяют за учителем два или три раза.

Чтение по слогам

Продолжаем учить слова *«одиннадцать»* и *«двенадцать»*.
Для этого можно использовать метод, описание которого дано на Занятии 1 Урока 6. В этом методе Вы начинаете читать слова с его последних букв или слогов. Метод помогает при чтении длинных или сложных слов.
Например, на нашем сегодняшнем уроке мы изучаем слово «одиннадцать». Начните с сочетания букв «ать». Потом добавляйте буквосочетания «цать», «адцать» (не забудьте, что буква д здесь произносится как [т]), затем «надцать», «иннадцать», «диннадцать» – и вот, наконец, дети легко произносят «одиннадцать».

Основная часть урока
(УЧЕБНИК, с. 41)

1. Учитель и ученики рассматривают картинку в Учебнике. Учитель показывает на картинку и называет слово, ученики повторяют за учителем. После того как ученики познакомились с новыми словами, учитель читает слова под картинкой, а ученики должны найти на картинке и показать слово, которое произнес учитель. Потом ученики самостоятельно читают слова и показывают их на картинке.

2. Учитель раскладывает карточки с новыми словами на разноцветные листы из комплекта цветной бумаги «Три богатыря». Слово «дом» пойдёт в группу мужского рода, слово «река» - женского, остальные - в группу среднего рода. В слове «солнце» ученики впервые встречаются с окончанием Е. Здесь будет желательно спросить их, куда, по их мнению, надо поставить слово с окончанием Е.
Можно также предложить подсказку, добавив к слову имя прилагательное, например: жёлтое (солнце).
Когда Вы разложите новые слова по группам, попросите учеников назвать несколько прилагательных с новыми словами, например: голубое небо, белое облако, высокий дом, голубая река.
После объяснения ученики обычно с удовольствием работают по цепочке, называя новые слова с прилагательными.

Вы уже изучали слова «Доброе утро!» в *Уроке 2*. Объясните ученикам, что такое утро, день и вечер. Покажите картинки в Учебнике. Повторите фразы «Добрый день!», «Добрый вечер!» и «Доброе утро!» несколько раз. Пусть ученики повторят за Вами.

Чтение и письмо
(РАБОЧАЯ ТЕТРАДЬ, с. 41)

В этом задании нужно соединить циферблаты со временем суток.

Сначала убедитесь, что ученики поняли задание. Покажите на циферблаты часов и спросите детей на их родном языке, какое время суток здесь изображено: день, утро или вечер? После этого они могут выполнить задание, сначала устно - показать на картинку и сказать: «Добрый день!» или: «Добрый вечер!» Затем можно соединить циферблаты со словами.

Задания № 1 и № 6 - образцы.

Ответы на задания:
2. Доброе утро!   3. Добрый день!
4. Добрый вечер! 5. Доброе утро!
7. Доброе утро!   8. Добрый вечер!
9. Добрый день! 10. Добрый вечер!

Окончание занятия
(УЧЕБНИК, с. 4)

Игра «Кто это?»
Один ученик будет ведущим.
Ему завязывают глаза, как показано на рисунке в Учебнике. Другие ученики по очереди говорят ему: «Привет!»
Ведущий должен угадать, кто говорит, и сказать вслух: «Это ...».
Ученики отвечают: «Да, правильно», - или: «Нет, неправильно».

Приготовьте к следующему уроку:
«скатерть-самобранку» с мелкими предметами.

 Занятие

На этом занятии мы изучаем:
слова и выражения, обозначающие время.
Слова и выражения:
час, 2 часа, 6 часов, в 6 часов.

Повторение/разминка

Игра «Угадайка». Учитель зажимает в руке несколько спичек или других мелких предметов. Ученики, не знающие их точного количества, должны угадать число. Они по очереди вслух называют предполагаемое число спичек.

Чтение по слогам

Работайте в обычном режиме, повторяйте слова, которые вызывали затруднения, учите новые слова и слоги.

Основная часть урока
(УЧЕБНИК, с. 42-43)

Рассмотрите картинки. Обратите внимание учеников на часы - и на то, сколько времени они показывают. Потом скажите: «Шесть часов. Вика спит». Единственное слово, которое ученики еще не знают, - это слово «часов». Таким образом, вся фраза должна быть им понятна, а слово «часов» будет понятно из контекста и без перевода.
Потом прочитайте слова Вики: «В 6 часов я сплю». Спросите у учеников, почему первый раз мы сказали просто «6 часов», а во второй раз - «в 6 часов».

На следующей картинке Вика в школе. Упражнение точно такое же, какое Вы делали с картинкой №1. Ученики еще не изучали слово «школа», но, глядя на картинку, они догадаются, что оно означает. Если не догадались, то подскажите им сами.

Учитель читает вслух все предложения из комикса, ученики повторяют за ним - сначала все вместе, потом по одному.

Ученики уже заметили, что иногда мы говорим час, иногда - *часА*, а иногда - *часОВ*. Покажите им картинку на с. 43. Чётко проговорите с ними все слова. После того как вы проговорили слова, используйте метод «Покажи и скажи». Ученики по очереди показывают на один из циферблатов часов, а затем называют время, которое на нем изображено. Дополнительное задание. После того как ученики узнали, когда надо говорить час, когда - часа, а когда - часов, можно «посчитать» слова мужского рода
(дом, мальчик, кот, зонтик, слон, стол, хвост, самолёт, велосипед, ящик, компьютер)
и посмотреть, как изменяются их окончания.

Чтение и письмо
(РАБОЧАЯ ТЕТРАДЬ, с. 42)

Сначала прочитайте подписи к картинкам, затем рассмотрите циферблаты часов на нижней половине страницы. Ученики должны назвать время, показанное на циферблатах. После этого они могут сделать задание в Рабочей тетради - соединить картинку с часами и написать номер картинки рядом с циферблатом.

Окончание занятия

Предложите ученикам игру «Крокодил» с числительными от 1 до 12.

Приготовьте к следующему уроку:
Вам понадобятся такие часы, у которых можно легко переводить стрелки.
Если таких часов нет, то просто нарисуйте циферблат на доске, а потом рисуйте новые стрелки всякий раз, когда называете новое время.

 Занятие

На этом занятии мы изучаем:

как правильно спрашивать время.

Слова и выражения:

Сколько времени?

Повторение/разминка
(УЧЕБНИК, с.16)

Игра «Послушай и найди».

Чтение по слогам
Основная часть урока
(УЧЕБНИК, с. 44)

Вам понадобятся часы, у которых можно легко переводить стрелки. Если таких часов нет, то просто нарисуйте циферблат на доске, а потом рисуйте новые стрелки всякий раз, когда называете новое время.
Учитель показывает на часах 3 часа и говорит: «Три часа». Затем, задав вопрос: «Сколько времени?», сам же отвечает:
«Три часа». Затем учитель снова переводит стрелки - на любое число, допустим, 7, - и снова говорит: «Семь часов. Сколько времени? - Семь часов». И так несколько раз. Потом учитель спрашивает у учеников: может, они догадались, что означает предложение: «Сколько времени?»
Если ученики догадались правильно, похвалите их. Если не догадались или догадались неправильно, то объясните,
что это означает.

После этого учитель несколько раз медленно произносит вопрос: «Сколько времени?», а ученики повторяют его вместе с учителем.

Далее ученики работают в парах. Учитель ставит стрелки на часах, после чего один ученик спрашивает: «Сколько времени?», второй - отвечает. Потом они меняются ролями. Учитель ходит по классу, слушает детей, поправляет ошибки и, если необходимо, подбадривает, хвалит.

Следующий этап – вопросы ученикам:
«Что ты делаешь в 7 часов?»
Перед этим надо произвести подготовку – установить время на часах, затем показать на себя и пояснить, что Вы делаете в это время, например: «В 7 часов я сплю».
После этого учитель спрашивает у учеников: «Что ты делаешь в 7 часов?»
Ученики отвечают.
Примеры вопросов и ответов можно найти в Учебнике на с. 44.

Чтение и письмо
(РАБОЧАЯ ТЕТРАДЬ, с. 43-44)

Рассмотрите циферблаты часов.
После этого спросите учеников:
«Сколько времени?» Пусть они назовут время, которое видят на картинках, а потом выполнят это упражнение письменно.

Кроссворд на с. 44.

Ответы на задания:
2. Четыре часа; 3. Десять часов; 4. Восемь часов; 5. Один час; 6. Одиннадцать часов; 7. Два часа; 8. Двенадцать часов.

Кроссворд.

Окончание занятия

Игра «Глухой телефон – 2»
Разделите класс на две группы.
Шепотом скажите первому ученику в группе какое-нибудь задание, например:
- встань!
- сядь!
- найди желтый карандаш!
- ты сидишь на стуле;
- покажи стул!
- ты ешь.

Ученики в каждой группе шепотом повторяют команду друг другу. Последний в группе должен выполнить то, что сказано в инструкции, как можно быстрее. Первая команда, которая правильно выполнит задание, зарабатывает очко.
Примечание: та команда, которая не говорит шепотом, теряет очко.

Участники, которые выполнили задание, становятся в начало.

Проиграйте еще несколько раундов этой игры, давая каждый раз новые задания.

Приготовьте к следующему уроку:
Потребуется «скатерть-самобранка».

ГЛАВА 12

 Занятие

На этом занятии мы изучаем:

предложный падеж имен существительных со значением места; ответ на вопрос: «Где?»

Слова и выражения:

трава; в траве, в доме, на улице.

Повторение/разминка

На столе у учителя лежат школьные принадлежности, названия которых ученики изучали ранее: линейка, ручка, ластик, книга и т.д. Учитель, показывая на один из предметов, спрашивает: «Что это?» Ученики отвечают. Учитель подсказывает, если надо.

Чтение по слогам
Основная часть урока
(УЧЕБНИК, с. 45)

Учитель и ученики рассматривают картинку в Учебнике. Учитель рассказывает: «Это солнце. Это облако. Это самолёт. Это небо. Солнце в небе. Облако в небе. Самолёт в небе». Ученики слушают. Учитель должен убедиться, что ученики поняли все, что он сказал. После этого можно продолжить описание картинки: «Это мама и папа. Они в доме. Это кошка. Она на окне. Это мяч. Мяч на траве. Это собака. Это машина. Собака в машине». Попросите учеников сказать вам, как изменяются слова, когда мы указываем место, где они находятся. Ученики должны сказать, что мы изменяем последнюю букву на Е. МашинА – в машинЕ, дом – в домЕ, небО – в небЕ.

Далее ученики работают в парах, выполняя задание «Покажи и скажи». Один ученик показывает на картинку и называет предмет: «Это мяч». Другой добавляет, где этот предмет находится: «Мяч на траве».

Чтение и письмо
(РАБОЧАЯ ТЕТРАДЬ, с. 45-46)

Прочитайте с учениками список слов, проговорив четко каждое из них. Обратите внимание учеников на то, что когда мы указываем место, то изменяем в слове последнюю букву на Е. После этого ученики пусть выполнят задание письменно.

Упражнение «Где мяч?». Сначала рассмотрите картинку вместе с учениками. Найдите мячи (вместе с подсказкой мячей должно быть шесть). Пусть сначала ученики проговорят все слова вместе с учителем, а потом каждый из них по отдельности.
После этого можно выполнить это упражнение письменно.
Примечание: если ученики не уверены, как пишется то или иное слово, можно посмотреть их написание на с. 45 Учебника.

Ответы на задания:

С. 45. В этом упражнении все окончания – Е.

С. 46. Ответы могут отличаться, так как на картинке нет цифр или букв или других указаний, где находится предмет.
Это упражнение не только на русский язык, но и на внимание.

Б. Мяч в небе; В. Мяч в окне; Г. Мяч на траве; Д. Мяч на велосипеде; Е. Мяч в воде (вариант: в реке).

Окончание занятия

Игра «**Часы**». Нарисуйте на доске два циферблата часов без стрелок. Разделите учеников на две команды. Назовите вслух время, например: «Два часа!»
Участники каждой команды по одному должны нарисовать правильные стрелки часов. Учитель ведет счет.

❷ Занятие

На этом занятии мы изучаем:

предложный падеж имен существительных.

Повторение/разминка

Игра на слушание и счет «Дробь»
Попросите учеников закрыть глаза и слушать. Постучите карандашом по столу несколько раз. Спросите у учеников, сколько раз Вы постучали. Ученики должны ответить.

Чтение по слогам
Основная часть урока
(УЧЕБНИК, с. 46)

Учитель читает диалоги из Учебника, объясняя незнакомые слова и фразы.
Потом читает вслух два или три раза, а ученики повторяют за учителем. Далее ученики работают в парах – задают друг другу вопросы из диалога. Учитель ходит между учениками, проверяя произношение, а также подбадривая и хваля.

Чтение и письмо
(РАБОЧАЯ ТЕТРАДЬ, с. 47)

Что мы едим? Прочитайте задание, объясните его, если нужно. После этого прочитайте вместе с учениками все слова в рамочке. Во время чтения спрашивайте учеников: «Мы это едим?»

Они должны ответить: «Да, мы это едим», – или: «Нет, мы это не едим».

После того как упражнение сделано устно, пусть ученики выполнят его письменно.

Рабочая тетрадь, с. 47. Сколько времени?

Прочитайте задание, объясните ученикам, что нужно делать. Сначала они должны нарисовать стрелки в циферблатах, а после этого дописать окончания слов, если это необходимо. Подсказки, какое окончание выбрать, можно найти в Учебнике на с. 43.

Ответы на задания:
РАБОЧАЯ ТЕТРАДЬ, с. 47
Что мы едим: рис, вода, яблоко, апельсин, хлеб, бутерброд, яйцо.
Сколько времени?
3 часа, 5 часов, 1 час, 4 часа, 8 часов.

Окончание занятия

Игра «Бинго» с числами.
Ученики рисуют у себя табличку
из 6 клеточек и пишут в них разные числа от 1 до 10. Да, клеточек только 6, а чисел - 10. Некоторые числа не войдут в табличку.

4	7	2
9	1	3

Учитель называет цифры, ученики вычеркивают те, которые у них есть. Побеждает тот, кто первый вычеркнул
свои цифры.

Приготовьте к следующему уроку:
коробку с мелкими предметами, а также карточки с буквами для игры в анаграммы и для игры с буквами.

3 Занятие

На этом занятии мы изучаем:

склонение имен существительных в предложном падеже.

Слова и выражения:

кот любит спать.

Повторение/разминка

Игра «*Буквы-буковочки*». Делим класс на команды и даем командам названия. Потом учитель достает карточку с буквой. Ученики называют букву. Затем каждая команда придумывает слова, начинающиеся с этой буквы. Учитель записывает эти слова на доске под названием команды.
Можно так сделать с двумя-тремя буквами.

Чтение по слогам
Основная часть урока
(УЧЕБНИК, с.47-48)

Учитель читает вслух с. 47 Учебника. Ученики повторяют за учителем - сначала хором, потом по одному. После этого нужно показать несколько предметов в классе и задать вопрос: «Где ...?» Например: «Где книга? - Книга в портфеле»; «Где ручка? - Ручка на линейке». И т.д.

Учитель достает коробку, в которой находятся предметы, и спрашивает «Что в коробке?» Ученики должны догадаться и сказать: «В коробке ... ». Если ответ правильный, учитель достает этот предмет и говорит: «Правильно! Ручка в коробке».
Если ответ неправильный, то учитель просто говорит: «Неправильно!..»

Учебник, с. 48. Составьте предложения. Учебники закрыты. Учитель пишет набор слов на доске: *собака / в /любит / траве / Моя / играть*. Попросите детей составить предложение из этих слов. Подскажите, что первое слово должно начинаться с большой буквы, и в этом случае это слово *Моя*. Напишите слово *Моя* на второй строчке и вычеркните его в верхней строке. Дальше попросите учеников выбрать второе слово, которое может идти вместе со словом *Моя*. Это будет слово «*собака*». Напишите слово «собака» рядом со словом «Моя» и вычеркните его в первой строке. У Вас получилось «*Моя собака*». Ученики выбирают третье слово. Продолжайте, пока не составите предложение «*Моя собака любит играть в траве*».

После этого попросите учеников открыть Учебники на с. 48 и прочитать первое составленное предложение.

Далее возможны два варианта: 1) ученики составляют предложения самостоятельно; или: 2) ученики вместе с учителем составляют предложения.

Чтение и письмо
(РАБОЧАЯ ТЕТРАДЬ, с. 48)

Рассмотрите картинку вместе с учениками. Спросите: «Где самолёт? Где мама? Где папа? Где книга? Где кошка? Где лодка? Где собака?» Ученики должны ответить. После того как на все вопросы получены ответы и предложения отработаны устно, можно записать нужные слова на картинку и раскрасить её.

Ответы на задания:
УЧЕБНИК, с. 48
Мой кот любит спать в коробке. Красный мяч на стуле. Большая коробка на столе. Мама и папа сидят в машине. У неё красный велосипед.

РАБОЧАЯ ТЕТРАДЬ, с. 48
На рисунке: самолет в небе, книга на траве, кошка на дереве, мама в доме, папа в машине, лодка на реке, собака в воде.

Окончание занятия

Анаграммы из слов по теме «Еда». Поставьте карточки с буквами. Ученики должны переставить буквы, чтобы получились слова по теме «Еда»: СЛЬАНИПЕ (апельсин), ЦОЙЯ (яйцо), ЛБЕХ (хлеб), БОКЯЛО (яблоко).

ГЛАВА 13

 Занятие

На этом занятии мы изучаем:

имена существительные, объединенные темой «Одежда».

Слова и выражения:

брюки, блузка, платье, джинсы, рубашка, футболка, юбка, носки, кроссовки, туфли.

Повторение/разминка
(УЧЕБНИК, с.17)

«Это Аня, ей 9 лет». Ученики рассказывают друг о друге по образцу, данному в Учебнике.

Чтение по слогам
Основная часть урока
(УЧЕБНИК, с.49)

Рассмотрите вместе с учениками картинку в Учебнике (как вариант можно показать карточки с рисунками или кукольную одежду). Учитель называет слова два или три раза, ученики повторяют.

Разложите карточки со словами по теме «Одежда» на группы «Три богатыря».

Упражнение *«Пары слов»*.
Учитель пишет на доске слова:
большой, маленький, короткий, длинный, высокий, низкий.
Ученики должны соединить их в пары слов с противоположным смыслом (значением): большой-маленький, короткий-длинный, - и т.д.

Чтение и письмо
(РАБОЧАЯ ТЕТРАДЬ, с. 49)

Прочитайте слова вместе с учениками. Потом попросите учеников показать предметы одежды и назвать их по-русски. После этого можно выполнить упражнение письменно, написав слова под картинками.

Окончание занятия
(УЧЕБНИК, с. 24)

Игра «**Угадайка**». Один из учеников загадывает, что он «пьёт», и записывает на листочке бумаги. Листочек отдает учителю. Другие ученики задают вопросы, ученик должен ответить словами «Правильно», «Неправильно» или предложениями, например: «Я не пью чай». То же самое с едой – «Я ем рис». Помогайте ученикам, подсказывайте. Обязательно говорите «Молодец!».

 Занятие

На этом занятии мы изучаем:
согласование имен прилагательных с именами существительными, объединенными темой «Одежда».

Слова и выражения:
Кто что носит?

Повторение/разминка
(УЧЕБНИК, с. 17)

Пригласите двух учеников выйти перед классом и представиться. Ученики говорят: «Меня зовут Люси, мне семь лет»; «Меня зовут Пол, мне девять лет».
Затем учитель, показывая на учеников, говорит: «Её зовут Люси, ей семь лет»; «Его зовут Пол, ему девять лет».

Откройте Учебник на с. 17. Учитель читает текст о детях, ученики повторяют за ним. Потом один из учеников рассказывает классу про своего соседа, уточняя, как его/её зовут и сколько ему/её лет.

Чтение по слогам
Основная часть урока
(УЧЕБНИК, с.50-51)

Повторите имена существительные по теме «Одежда». Распределите их по родам при помощи комплекта цветной бумаги «Три богатыря». Слова во множественном числе (туфли, носки, кроссовки, брюки) отложите в отдельную группу. После этого возьмите слова одной группы (допустим, женского рода) и попросите учеников подобрать к ним имена прилагательные, например: юбка – длинная, юбка – короткая, рубашка – белая, блузка – голубая, блузка – большая. То же с существительными во множественном числе: туфли – большие, кроссовки – красные, носки – зеленые.

Учебник, с. 50. Прочитайте все слова на странице. Ученики должны подобрать правильные пары *«имя существительное + имя прилагательное, согласованное в роде и числе»*: белая рубашка, белое платье, белые носки. И т.д.

Учебник, с. 51. Рассмотрите картинку вместе с учениками. Объясните им значение слова *«носит»*, когда мы говорим об одежде. Ученики должны выбрать одного из героев на картинке и рассказать о его внешнем виде, то есть о том, что он носит из одежды и какого она цвета. Следует обратить внимание детей на то, что слово *«носить»* в этом случае употребляется с винительным падежом. Эту тему ученики еще не проходили, а только немного познакомились с ней, когда изучали предложения типа «Я пью воду» или «Я читаю письмо».

Чтение и письмо
(РАБОЧАЯ ТЕТРАДЬ, с. 50)

Рассмотрите картинку вместе с учениками, назовите всю одежду, которая нарисована. Прочитайте слова. В процессе чтения находите те предметы одежды, про которые читаете. После этого ученики могут раскрасить картинку.

Окончание занятия

Игра **«Вопрос-ответ»**. Учебник, с. 52. Один ученик выбирает себе одну из шести нарисованных карточек. Второй должен задать вопросы по образцу и определить, какую карточку загадали.

Подготовка к следующему уроку:
К диктанту **«Суриков»** Вам понадобятся цветные карандаши - для учеников,
а для учителя - цветные мелки, чтобы рисовать на доске, или бумага большого формата с цветными фломастерами.

❸ Занятие

На этом занятии мы изучаем:

согласование имен прилагательных с именами существительными, объединенными темой «Одежда».

Слова и выражения:

словосочетания «имя прилагательное + имя существительное», обозначающие одежду.

Повторение/разминка

Упражнение на слушание. Попросите учеников послушать и сказать два или три раза набор из 15 слов. Напишите на доске слова (прилагательные в разных родах). После этого ученики должны решить, к какой группе относится то или иное слово. Слова: большой, красная, маленький, большое, короткий, зелёный, жёлтое, голубое, короткое, чёрная, короткая, белый, высокая, маленькое, большая.

Чтение по слогам
Основная часть урока
(УЧЕБНИК, с.51)

«Кто носит белые кроссовки?»
Учитель читает вслух слова по теме «Одежда» и спрашивает у учеников: у кого желтая юбка? Ученик выбирают имя героя, учитель ставит крестик на пересечении имени и предмета одежды.

	Катя	Даша	Соня	Миша	Паша	Костя
Краснок платье	*					
Зелёная юбка		*				
Белая блузка		*				
Чёрные туфли	*				*	
Зелёные туфли		*				
Голубые джинсы			*	*		
Белая футболка			*			*
Голубые брюки					*	
Жёлтая рубашка					*	
Красная футболка				*		
Чёрные джинсы						*
Белые кроссовки			*	*		*
Белые носки			*	*		*
Чёрные носки					*	

Чтение и письмо
(РАБОЧАЯ ТЕТРАДЬ, с.51-52)

Рабочая тетрадь, с. 51. Рассмотрите картинки вместе с учениками. Ученики должны рассказать, что нарисовано на картинках. После этого прочитайте слова в рамке. Пусть ученики покажут картинки с этими словами в рабочей тетради. После этого можно вписать нужные слова и раскрасить картинку.

Рабочая тетрадь, с. 52. Прочитайте слова вместе с учениками, затем рассмотрите картинки. Ученики должны рассказать, какое слово нужно подобрать к картинкам. После этого можно выполнить задание в тетради - соединить слова и раскрасить.

Задание 3 на с. 52 в Рабочей тетради. Прочитайте слова вслух. В процессе чтения указывайте те слова, которые относятся к одежде. После этого можно выполнить упражнения письменно - обвести слова с одеждой.

Ответы на задания:
Рабочая тетрадь, с. 51. У Вовы красный мяч; У папы жёлтая машина; У бабушки белый кот; У куклы зелёное платье; У мамы голубой зонт.

Рабочая тетрадь, с. 51. Слова с одеждой: платье, юбка, блузка, футболка, джинсы, кроссовки, носки, туфли, рубашка, брюки.

Рабочая тетрадь, с. 52. Красная юбка, красные туфли, красное платье, красные брюки, красная рубашка, красные кроссовки.

Окончание занятия

Диктант «**Суриков**». У учеников должны быть приготовлены цветные карандаши и листы для рисования. У учителя должны быть цветные мелки, чтобы рисовать на доске, или бумага большого формата с цветными фломастерами. Учитель даёт ученикам простые инструкции о том, что нужно нарисовать, например: в небе белый самолет и жёлтое солнце; собака лежит на траве; девочка в красном платье в доме.
И т.д. Ученики рисуют.
Повторяйте описание несколько раз очень медленно. Когда все закончили рисунок, учитель читает ещё раз описание и сам рисует на доске. Ученики проверяют -
и делают исправления, если нужно.

ГЛАВА 14

❶ Занятие

На этом занятии мы изучаем:

согласование имён прилагательных с именами существительными в предложном падеже.

Повторение/разминка
(УЧЕБНИК, с. 40)

Игра «Что ты делаешь?» Один ученик загадывает (и говорит учителю, что он загадал), а остальные должны задавать вопросы: «Ты читаешь? Ты читаешь книгу? Ты читаешь письмо?» И догадаться, что он делает. Подскажите ученикам, что
в предложении должно быть действие и предмет: «Я читаю книгу», «Я пью воду».

Чтение по слогам
Основная часть урока

1. Напишите на доске фразы-ответы:
- Нет, у меня нет.
- Да, у меня есть.
- В три часа.
- Она гуляет.
- Я ем бутерброд.

Ученики должны придумать такие вопросы, чтобы они подходили по содержанию к ответу.

2. Вспоминаем предложный падеж имён существительных. Помним, что в предложном падеже у них появляется окончание Е: в коробкЕ, в домЕ, на облакЕ. Добавляем имена прилагательные. Делаем упражнение по цепочке. В этом случае один ученик, например, говорит: «В доме», второй дополняет: «В новом доме»; - или первый: «В кроссовках», второй: «В новых кроссовках».

Чтение и письмо
(РАБОЧАЯ ТЕТРАДЬ, с. 53)

Вместе с учениками прочитайте сначала слова в верхней строчке. Спросите у учеников, в чём разница между словами. После этого прочитайте предложения и рассмотрите картинки. Предложите ученикам закончить предложения - сначала устно, а лишь потом письменно, вставив нужные слова и раскрасив картинки.

Ответы на задания:
Возможные варианты ответов приведены в скобках:
1. Аня в голубых (зелёных) джинсах и голубой (зелёной) футболке катается на голубом (зелёном) велосипеде;

2. Вова в зелёной (голубой) футболке и в зелёных (голубых) носках сидит на зелёном (голубом) стуле.

Окончание занятия
(УЧЕБНИК, с. 28)

Игра «Покажи мне, где...»

Приготовьте к следующему уроку:
карточки с буквами для игры в анаграммы.

❷ Занятие

На этом занятии мы изучаем:

> слова с противоположным смыслом: тепло – холодно, лето – зима.

Слова и выражения:

> куртка, сандалии, теплый, летний, тепло, холодно, жарко.

Повторение/разминка

Игра из Учебника на с. 32. Учитель говорит ученику, какого героя он будет изображать. Остальные ученики, задавая ему вопросы: «Ты девочка?», «Ты мальчик?», «Тебе восемь лет?», – пытаются догадаться, кто он. Поиграйте несколько раз с разными учениками и разными героями.

Чтение по слогам
Основная часть урока

Учитель читает диалоги со с. 54 Учебника и объясняет значение новых слов. После этого обращается к одному из учеников с вопросом: «Тебе холодно?» Ученик должен ответить «да» или «нет» и объяснить, что на нем надето: «Я в футболке и джинсах».

Чтение и письмо

Повторение. Рабочая тетрадь, с. 54. Сначала объясните задание: имеются три картинки, одна изображает шкаф для одежды, вторая – часы, третья – стол. Надо распределить слова по трем группам. Слова, обозначающие одежду, идут «в шкаф», слова с цифрами – «в часы», слова с едой – «на стол».

Ответы на задания:
«Шкаф»: туфли, платье, кроссовки, рубашка, носки.
«Часы»: один, два, три, четыре, пять.
«Стол»: рис, хлеб, апельсин, яблоко, бутерброд.

Окончание занятия

Игра «Анаграммы».
Учитель может подготовить анаграммы самостоятельно, а может использовать те, которые приведены в этом учебнике, – например, анаграммы по теме «Одежда»: ЬТАПЕЛ (платье), ДЫЖСИН (джинсы), ВОКСОРСИК (кроссовки), АТЛУФОКБ (футболка), КЮАБ (юбка).

3 Занятие

На этом занятии мы изучаем:

склонение имен прилагательных в предложном падеже.

Повторение/разминка
(УЧЕБНИК, с.37)

Повторение материала «Моя кошка любит играть». Учитель вместе с учениками читает предложения из Учебника.
После этого учитель просит учеников рассказать о том, кто что любит делать и чем увлекается в свободное от учебы время.

Чтение по слогам
Основная часть урока
(УЧЕБНИК, с. 55)

Учитель вместе с учениками читает слова в верхней части страницы, затем рассматривает картинки и изучает подписи к картинкам.
После этого ученики должны:
1) придумать несколько фраз с данными словами; 2) дать определения с противоположными значением: старый - новый, маленькое - большое, - и т.д.

Чтение и письмо
(РАБОЧАЯ ТЕТРАДЬ, с. 55-56)

Прочитайте слова и рассмотрите картинки. Ученики устно отвечают на вопрос и называют буквы, которые нужно дописать.
После того как вы устно проговорили ответы на упражнение, можно сделать его в Рабочей тетради - вписать нужные окончания и раскрасить.

Кроссворд, с. 56.

Ответы на задания:
Рабочая тетрадь, с. 55. В стар__ом__ дом__е__. В нов__ом__ дом__е__. В больш__их__ туфл__ях__. В маленьк__их__ туфл__ях__. В коротк__ой__ юбк__е__. В длинн__ой__ юбк__е__.

Кроссворд.

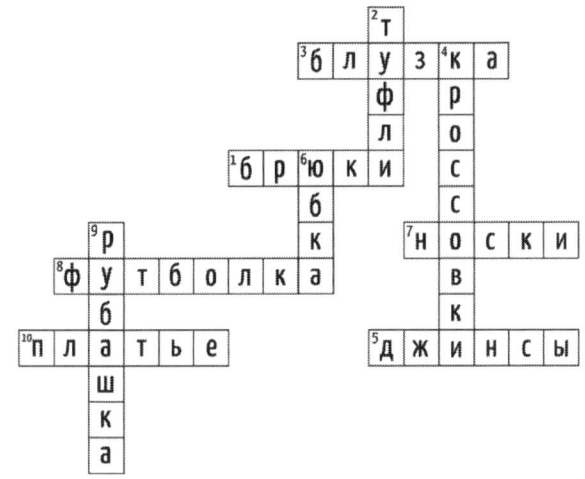

Окончание занятия
(УЧЕБНИК, с. 56)

Игра «Любимый герой»
На картинке изображено несколько человек. Рассмотрите с учениками их одежду, скажите, мальчики это или девочки.
После этого один из учеников, становясь ведущим, загадывает какого-нибудь героя. Остальные ученики задают ему вопросы по образцу, пытаясь определить, кто это.

Приготовьте к следующему уроку:
часы с циферблатом и стрелками.

ГЛАВА 15

❶ Занятие

На этом занятии мы повторяем:

изученные накануне темы
и готовимся к контрольной работе.

Повторение/разминка

Назовите ученикам время. Они должны поставить правильно стрелки на часах. Можно также нарисовать на доске циферблат часов без стрелок, и пусть ученики по очереди рисуют на циферблате нужные стрелки.

Чтение по слогам
Основная часть урока
(УЧЕБНИК, с. 57)

Ученики рассматривают картинку вместе с учителем и объясняют, что неправильно изображено на картинке: велосипед - на дереве, лодка - в небе, девочка - на облаке, дом - в машине, собака - читает, мальчики играют - на воде (на реке).
После этого спросите у учеников:
а как должно быть правильно?

Чтение и письмо
(РАБОЧАЯ ТЕТРАДЬ, с. 57)

Ученики пишут о себе и рисуют на произвольную тему. Это могут быть как члены их семьи, так и домашние животные. Также это могут быть какие-либо значимые для детей вещи и предметы, например велосипед.

Окончание занятия

Игра «Крокодил»
с использованием слов по теме «Семья».

❷ Занятие

На этом занятии мы повторяем:

изученные накануне темы
и готовимся к контрольной работе.

Слова и выражения:

сумка, портфель.

Повторение/разминка
(УЧЕБНИК, с. 29-30)

Повторите слова по теме «Семья», прочитайте предложения на с.30.

Чтение по слогам
Основная часть урока
(УЧЕБНИК, с. 58)

Учитель рассматривает картинку вместе с учениками, обращая внимание учеников на знакомые персонажи (Максим и Вика). Ученики рассказывают о том, что нарисовано на картинке, используя слова по теме «Семья». После этого учитель читает текст под картинкой. Ученики должны найти на картинке и показать то, о чем идет речь в тексте.

Далее ученики по очереди рассказывают о своей семье. Рекомендуем использовать картинки, которые ученики нарисовали на предыдущем уроке.

Чтение и письмо
(РАБОЧАЯ ТЕТРАДЬ, с. 58)

Посмотрите на картинку. Прочитайте вместе с учениками первую часть - описание того, что имеется в сумке.
После этого прочитайте с учениками вопросы. Ученики должны ответить на вопросы устно:
«Да, у нее есть» - или:
«Нет, у нее нет». После этого можно ответить на вопросы письменно.
Третий этап упражнения - предложить ученикам прочитать вопросы и ответить про свой собственный портфель. Выполняется точно так же, как и предыдущие упражнения. Сначала учебный материал совместно с уче-

никами четко проговаривается устно, затем они оформляют его письменно.
Ответы на задания:
1. Да, у нее есть; 2. Нет, у неё нет;
3. Да, у нее есть; 4. Нет, у нее нет;
5. Нет, у нее нет.

<u>Окончание занятия</u>

Игра «Буквы-буквочки»
Предлагаем разделить класс на команды, дать командам названия. Учитель достает карточку с буквой. Ученики называют ее. Затем каждая команда придумывает слова, начинающиеся с этой буквы. Учитель записывает слова на доске под названием команды. Побеждает та команда, что предложит наибольшее количество слов на нужную букву. Можно так сделать с двумя-тремя другими буквами.

 **Занятие**

На этом занятии мы повторяем:
изученные накануне темы и готовимся к контрольной работе.

Повторение/разминка
(УЧЕБНИК, с. 40)

Игра «Что ты делаешь?»

Чтение по слогам
Основная часть урока
(УЧЕБНИК, с. 59)

Учитель вместе с учениками рассматривает картинки, читает текст на с. 59. Далее ученики рассказывают о себе или о своем питомце по образцу, данному в Учебнике.

Чтение и письмо
(РАБОЧАЯ ТЕТРАДЬ, с. 59)

Рассмотрите картинки, назовите действие на каждой картинке, например: «Они бегут», «Он читает», «Он играет», «Она спит».
После этого прочитайте вопросы.
Ученики должны вставить нужное слово и ответить на вопрос.

Рабочая тетрадь, с. 60. Прочитайте слова.
В процессе чтения ученики должны ответить, обозначают эти слова цвета или нет. После того как упражнение сделано устно, можно выполнить его письменно в Рабочей тетради.

Аналогично с цифрами и с действиями.

Ответы на задания:
Рабочая тетрадь, с. 59. Ты любишь <u>бегать</u>?
Ты любишь <u>читать</u>? Ты любишь <u>играть</u>?
Ты любишь <u>спать</u>? Ответы на вопросы у учеников могут быть разными: «Да, я люблю читать», — или: «Нет, я не люблю читать».
И т.д.

Рабочая тетрадь, с. 60. Выбери слова с обозначением цвета: чёрный, голубой, жёлтый,

белый, зелёный, красный.
Выбери цифры: один, двенадцать, пять, девять, шесть, семь, одиннадцать.
Выбери действия: читать, играть, сидеть, бегать, спать.

Окончание занятия
(УЧЕБНИК, с. 60-62)

Рассмотрите словарь на с. 61 и 62. Впишите слова, раскрасьте рисунки.
Игра «Бинго» на с. 60.

Подготовка к следующему уроку:
На следующем уроке у Вас проводится
Итоговая контрольная работа,
так что требуется подготовить для нее нужное количество копий контрольно-учебного материала.

Список слов

Номер рядом со словом означает номер урока, в котором ученики впервые познакомились со словом.

а как у тебя?	5
апельсин	4
бабушка	8
бегать	10
бегу	10
бегут	3
бежит	2
белый	7
блузка	13
большой	9
брат	8
брюки	13
бутерброд	6
в	11
велосипед	4
вода	6
возьми	4
восемь	3
вот	8
все вместе	1
входите	1
высокий	9
где	4
голубой	7
гулять	10
да	1
дай	4
дай мне, пожалуйста	8
дай, пожалуйста	4
два	3
двенадцать	11
девочка	3
девять	3
дедушка	8
дерево	9
десять	3
джинсы	13
длинный	9
до свидания	1
доброе утро	2
дом	11
дочь	8
его зовут ___	5
его, её	8
едят	3
её зовут ___	5
ей ___ лет	5
ему ___ лет	5
ест	2
жарко	14
жёлтый	7
закройте книгу	1
зелёный	7
зонтик	4
играть	10
играю	10
идёт	2
идут	3
как дела	2
как тебя зовут	1
Какого цвета?	7
карандаш	2
книга	2
компьютер	4
короткий	9
кофе	6
кошка	10
красный	7
кроссовки	13
кто это	1
кукла	4
куртка	14
ластик	2
летний	14
линейка	2
лодка	4
любит есть	10

любит играть	10	рубашка	13
маленький	9	ручка	2
мальчик	3	садись	1
мама	8	садитесь	1
машина	4	самолёт	4
меня зовут	1	сандалии	14
мне ___ лет	3	семь	3
мне тоже	3	семья	8
мой (моя, моё, мои)	8	сестра	8
молодец	1	сидит	2
молоко	6	сидят	3
мы едим	6	сижу	10
мы пьём	6	сколько времени?	11
мяч	4	сколько тебе лет?	3
на	4	слон	4
на	12	слушай	1
на, возьми	4	слушайте	1
небо	11	смотри	1
неправильно	1	смотрите	1
нет	1	собака	10
низкий	9	солнце	11
новый	14	спасибо	2
ноль	3	спать	10
носки	13	спит	2
облако	11	сплю	10
один	3	спят	3
одиннадцать	11	старый	14
окно	11	стол	2
откройте книгу	1	стул	2
папа	8	сумка	15
письмо	4	сын	8
платье	13	тепло	14
пожалуйста	1	тёплый	14
пока	1	тетрадь	5
портфель	2	тоже	2
правильно	1	трава	12
привет	1	три	3
пять	3	туфли	13
река	11	ты	6
рис	6	ты ешь	6

ты пьешь	6
у меня есть	4
у него есть _____	5
у тебя есть?	4
футболка	13
хвост	9
хлеб	6
холодно	14
хорошо	1
чай	6
час, часа, часов	11
чёрный	7
четыре	3
читает	2
читаю	10
читают	3
что	2
что это?	2
шесть	3
школа	11
это	1
это Ваня	1
это моя семья	8
юбка	13
я	1
я ем	6
я пью	6
яблоко	4
яйцо	6
ящик	4

Контрольная работа 1 (главы 1-5)

Что это? Выбери правильное слово. [5 баллов]

Пример: яблоко
мяч
машина

①

ручка
лодка
карандаш

②

стол
зонтик
книга

③

велосипед
машина
лодка

④

мяч
ластик
кукла

⑤

стол
стул
письмо

Ответь на вопросы. [5 баллов]

Пример: Что это?

Это апельсин.

⑥ Что это?

_____

⑦ Что это?

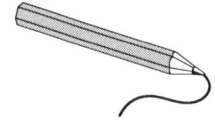

_____

⑧ Что это?

_____

⑨ Что это?

_____

⑩ Что это?

_____

Прочитай и соедини. [5 баллов]

Пример: Девочка читает.

(11) Аня ест

(12) Мальчики идут

(13) Вова спит

(14) Вика и Максим бегут

(15) Вова бежит

а б

в г

д

Составь предложение. [5 баллов]

Пример: дела Как ? *Как дела?*

(16) утро Доброе! _____

(17) зовут Как тебя? _____

(18) тебе лет Сколько? _____

(19) У велосипед неё есть. _____

(20) лет Мне десять. _____

[Всего: _____ баллов из 20]

Контрольная работа 2 (главы 6-10)

Выбери правильное слово. [5 баллов]

Пример: яблоко / яйцо / (хлеб)

1. книга / дерево / карандаш
2. яйцо / хвост / кофе
3. хлеб / коробка / бутерброд
4. яйцо / чай / вода
5. линейка / ящик / бутерброд

Напиши слова. [5 баллов]

мой / моя / моё / мои

Пример: моё

6. ___
7. ___
8. ___
9. ___
10. ___

Напиши слова. [5 баллов]

~~сестра~~ мама папа бабушка дедушка брат

Пример:

сестра

⑪ _____

⑫ _____

⑬ _____

⑭ _____

⑮ _____

Раскрась картинку. [5 баллов]

Пример:

машина белая.

⑯ мяч синий.

⑰ книга зелёная.

⑱ карандаш жёлтый.

⑲ яблоко красное.

⑳ стол чёрный.

[Всего: _____ баллов из 20]

Контрольная работа 3 (главы 11-15)

Сколько времени? [5 баллов]

десять часов.

_____

_____

_____

_____

_____

Допиши слова. [5 баллов]

Девочка в длинн*ой* юбк*е*,

6) болш__ туфл__,

7) бел__ блузк__,

8) стар__ шляп__,

9) в черн__ носк__,

10) на высок__ стул__.

Соедини слова и раскрась [5 баллов]

голубые
голубая
голубое

Составь предложение из слов. [5 баллов]

машине портфеле, Книга в портфель в — *Книга в портфеле, портфель в машине.*

16) стуле. Кот на спит — _____

17) Маленькие играют на мальчики траве. — _____

18) в самолет голубом Белый небе. — _____

19) Чёрный чёрный кофе на и столе чай. — _____

20) кукла В в желтом и синих коробке платье туфлях. — _____

[Всего: _____ баллов из 20]

СОРОКА

ЧТО МЫ ЗНАЕМ ОБ УЧЕБНИКЕ?

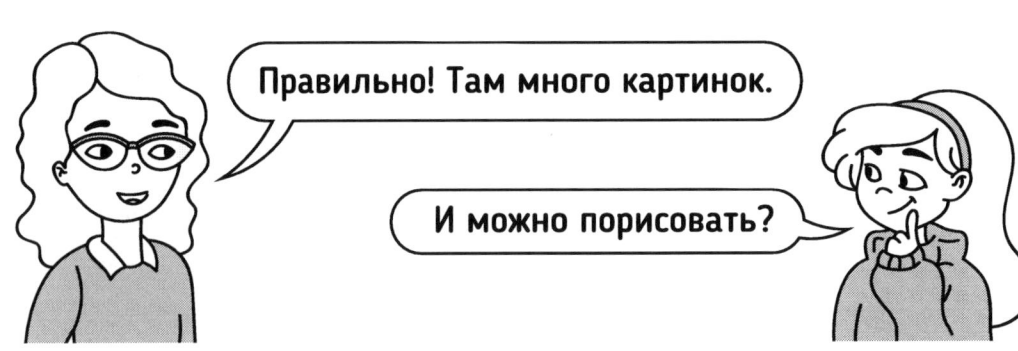

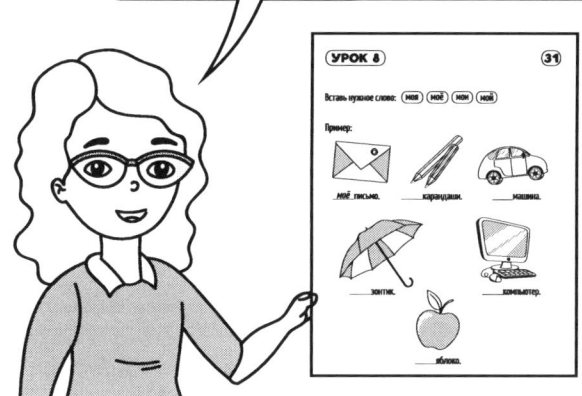
— А чёрно-белые — в рабочей тетради, чтобы можно было раскрасить и порисовать.

— Но это всё один учебник?

— Да. Когда ты выучишь слова в учебнике, напишешь их в рабочей тетради.

 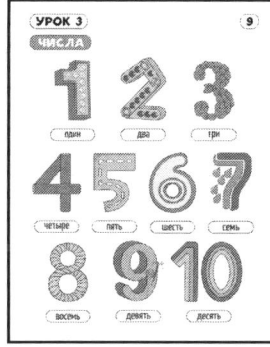 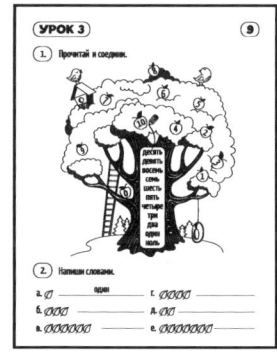 

— У Вас же три книги, а не две!

— Это скучная книга для взрослых, там нет картинок. В ней рассказано, как работать с учебником.

 А! Знаю! У Вас там ответы на задания. ДА?

 Совершенно верно. А еще там сценарии игр.

 Еще игры? Ура! Мы будем еще играть!

 Конечно, будем играть! А еще в этой книге контрольные.

 Контрольные? А разве мне нужно писать контрольные?

 Я думаю, что да, нужно. На уроке я слышу, как ты говоришь по-русски, но мне надо проверить, как ты умеешь читать и писать.

Не волнуйся, ты справишься! Контрольные ведь тоже бывают интересные.

Если остались вопросы – задай их в группе на Фейсбуке:
www.facebook.com/marianna.avery/
www.facebook.com/groups/avery.soroka/

Made in the USA
San Bernardino, CA
29 November 2018